Gabriele Aichele

Max erforscht Weihnachtsbräuche rund um die Welt

Vorlesegeschichten mit Zuhörfragen

Verlag an der Ruhr

Impressum

Titel
Max erforscht Weihnachtsbräuche rund um die Welt
Vorlesegeschichten mit Zuhörfragen

Autorin
Gabriele Aichele

Titelbildmotiv & Illustrationen
Petra Lefin

Verlag an der Ruhr
Mülheim an der Ruhr
www.verlagruhr.de

Geeignet für die Altersstufen 6–10

Unser Beitrag zum Umweltschutz:
Wir sind seit 2008 ein ÖKOPROFIT®-Betrieb und setzen uns damit aktiv für den Umweltschutz ein. Das ÖKOPROFIT®-Projekt unterstützt Betriebe dabei, die Umwelt durch nachhaltiges Wirtschaften zu entlasten. Unsere Produkte sind grundsätzlich auf chlorfrei gebleichtes und nach Umweltschutzstandards zertifiziertes Papier gedruckt.

ISBN 978-3-8346-0869-7

Printed in Germany

Inhaltsverzeichnis

Vorwort

Weihnachten ist in unserer Gesellschaft das wichtigste Fest des Jahres. Es ist zwar für die Christen nach Ostern nur der zweithöchste Feiertag, doch kulturell steht das Familienfest ganz oben auf der Feiertagsliste im Jahreskreis.
Kinder verbinden mit Weihnachten meist noch mehr als Erwachsene. Neben der Vorfreude auf Geschenke und gutes Essen hat Weihnachten auch immer etwas Magisches: diese ganz besondere Atmosphäre, erzeugt durch Musik, Gerüche, Dekoration, Stimmungen ...

In nahezu allen Kulturen, in denen Weihnachten gefeiert wird, ist das Fest neben dem religiösen Hintergrund immer auch von typischen Weihnachtsfiguren, -mythen und -ritualen geprägt. Historische Persönlichkeiten sowie allerlei Märchen- und Fabelfiguren bilden die Basis für die zahlreichen „Weihnachtshelfer", die neben dem Christkind zu den Symbolen der Weihnachtszeit geworden sind: der Nikolaus, der je nach Land mal von Knecht Ruprecht, dem Krampus oder dem Zwarte Piet begleitet wird, die Hexe Befana oder die Weihnachtskobolde Kalikanzari, die ungezogenen Kindern böse Streiche spielen, bis hin zu Lucia, die Licht in die dunkle Jahreszeit bringt.

Durch diese Kurzgeschichten, die in Tagebuchform von unserer Hauptfigur Max erzählt werden, machen die Kinder eine spannende Reise durch Länder und Kulturen aller Welt und lernen die dortigen Weihnachtsbräuche kennen.
Nutzen Sie die Zuhörfragen am Ende der Geschichten, um sicherzustellen, dass die Kinder die Inhalte verstanden haben. Weiterführende Handlungsanregungen, wie Rezepte und Bastelanleitungen, sorgen zudem für eine zauberhafte Weihnachtsstimmung.

Und nun wünsche ich Ihnen viel Freude beim Vorlesen und beim Eintauchen in die spannende Weihnachtswelt von Max und Pauline.

Gabriele Aichele

Für Marie-Therese und Charlotte

Mein Tagebuch

Freitag, 14. Oktober, abends

Heute war mein neunter Geburtstag. Endlich! Ich bin nämlich als einer der letzten in der Klasse neun geworden. Das liegt daran, dass ich mit nicht ganz sechs Jahren in die Schule gekommen bin. Allerdings heißt das nicht, dass ich so oberschlau bin. Ich glaube, ich bin ganz normal. Außer in MeNuK (das bedeutet Mensch, Natur und Kultur), da bin ich richtig gut. Weil mich Tiere und Umwelt und so Sachen richtig interessieren.
Jedenfalls kann es ziemlich lästig sein, immer zu den Jüngsten zu gehören.
Daheim bin ich das nämlich auch. Meine Schwester Lulu ist schon 15 und nennt mich statt Max „Kleiner". Dabei bin ich schon fast so groß wie sie.
Dieses Tagebuch hab' ich von ihr geschenkt bekommen – ausgerechnet!
Dann würde ich endlich lernen, mich gebildeter auszudrücken, hat sie gesagt. Und außerdem hätten alle berühmten Schriftsteller Tagebuch geführt. Naja, ob das stimmt? Erst fand ich das ziemlich uncool. Das Tagebuch-Schreiben, meine ich. Aber dann habe ich gedacht, dass es doch ganz nützlich sein kann, immer jemanden in Reichweite zu haben, bei dem man seine Probleme loswerden kann. Falls meine Freunde gerade nicht erreichbar sind. Oder es etwas ist, was nicht für Elternohren bestimmt ist.
Das gibt es ja manchmal. Ich werde das also ausprobieren mit dem Tagebuch. Natürlich muss ich höllisch aufpassen, dass Lulu mein Tagebuch nicht findet. Wäre ja noch schöner, wenn die meine ganzen Geheimnisse erfahren würde. Sicher würde sie gleich alles lauthals ausposaunen.
Ich hoffe für Lulu, dass sie mir das Tagebuch nicht geschenkt hat, um mich ausspionieren zu können. Ich muss mir also ein super Versteck einfallen lassen …

Doch vielleicht sollte ich mich erst einmal vorstellen. Stellt man sich seinem Tagebuch vor? Keine Ahnung. Also. Wie ich heiße und wie alt ich bin, habe ich schon geschrieben. Ich bin normal groß und habe braune Haare.

Straßenköterbraun, wie Lulu immer so nett zu sagen pflegt. Dann habe ich noch blaue Augen und ein paar Sommersprossen. Vor Kurzem habe ich gelesen, dass Leute mit Sommersprossen weniger Falten im Gesicht kriegen als Leute ohne. Na dann. Ich spiele Fußball im Verein. Da bin ich Verteidiger. Eigentlich wäre ich am liebsten Stürmer, leider hat das noch nicht geklappt. Außerdem lese ich unheimlich gerne. Eigentlich alles. Fußballgeschichten und Krimis. Ich mag aber auch Geschichten aus anderen Ländern. Hauptsache spannend. Mein bester Freund ist eine Freundin, und sie heißt Pauline. Semmeling mit Nachnamen. Sie ist klasse. Sie ist so alt wie ich (ein paar Monate älter) und überhaupt nicht wie ein typisches Mädchen. Also zimperlich und so. Schreien bei jeder Spinne, als wäre es ein Menschen fressendes Ungeheuer. Pauline ist ziemlich klug und hat immer super Ideen. Manchmal auch ganz verrückte. Außerdem hat sie keine Angst, auf Bäume zu klettern oder Regenwürmer anzufassen. Pauline hat zwei ältere Brüder, und dann gibt es noch etwas junges Gemüse (einen kleinen Bruder). Ihr Vater ist Professor an der Universität und reist viel in der Welt herum. Bei Pauline zu Hause ist es immer sehr laut und unordentlich. Pauline hat auch braune Haare, aber ihre sind lang, meistens zu einem Pferdeschwanz gebunden und nicht straßenköterbraun. Eher so schokobraun.

Meine Eltern sind ziemlich normal, glaube ich. Mama ist Erzieherin im Kindergarten. Aber nur an den Vormittagen. Papa arbeitet im Finanzamt. Das ist ihm manchmal ziemlich peinlich, glaube ich. Vor allem, wenn Tante Hannelore kommt. Die schimpft nämlich immer auf die Beamten.

Wir wohnen in einem ganz normalen, langweiligen Haus in einer langweiligen Straße in einer langweiligen Kleinstadt. Wenn Pauline nicht wäre, würde wahrscheinlich nie etwas Besonderes passieren.
Ich male auf die nächste Seite mal Pauline und mich hin. Und bin für heute fertig.

Montag, 17. Oktober

Heute hat uns unsere Lehrerin Frau Rössle mit einer (wie sie findet) tollen Neuigkeit überrascht. Unsere Klasse soll bis zu den Weihnachtsferien ein Projekt machen zum Thema „Weihnachten in anderen Ländern". Von wegen fremde Kulturen und besseres Kennenlernen und so. Klingt erst mal gut, bedeutet in Wahrheit aber eine Menge Arbeit. Zum Glück darf man in Teams arbeiten (die Lehrer lieben das). Klar, dass Pauline und ich ein Team bilden werden. Wir sollen also beschreiben, welche Bräuche um Weihnachten herum es zum Beispiel in Italien gibt. Oder an Nikolaus. Auch Rezepte für typische Weihnachtsgerichte oder Lieder wären schön, hat Frau Rössle gemeint.
Aber wir sollen darauf achten, dass auch alles stimmt, was wir schreiben. Nicht dass uns einer einen Bären aufbindet, und nachher ist alles erfunden. Oder wir schreiben irgendeinen Unsinn aus dem Internet ab.

Pauline fährt in den Herbstferien mit ihrer Chaosfamilie für eine Woche nach Frankreich, wo einer ihrer Brüder studiert. Ich glaube, es ist ihr Lieblingsbruder, und sie ist ganz schön traurig, dass er nicht mehr so oft zu Hause ist. Ich fahre mit meiner Familie nach Österreich. Wir besuchen niemanden, wir machen einfach nur Urlaub. Bestimmt erfahren wir dort einiges über Bräuche und Lieder und so weiter. Pauline kann ja ihren Bruder fragen und ich die Leute, bei denen wir wohnen.

Eigentlich komisch, schon im Oktober an Weihnachten zu denken.
Ich bin noch gar nicht in Stimmung. An manchen Tagen ist es noch richtig warm, und die Bäume haben noch alle ihre Blätter. Im Supermarkt liegen zwar schon seit August die Lebkuchen herum, aber Mama kauft nie welche vor November. Überhaupt ist sie da ganz streng. Keine Plätzchen, keine Schokonikoläuse und keine Weihnachtssachen in der Wohnung vor dem Totensonntag. Das gibt es bei uns alles erst danach, weil dann erst die Adventszeit anfängt.

„Wo kämen wir hin, wenn wir von August bis Dezember nur Weihnachten feiern würden", hat Mama gesagt. *„Erstens wäre das bald langweilig, und wo blieben dann der Martinstag und die schöne Herbstzeit mit Kastanien sammeln und Blätter pressen"*. Als ob das in unserer Familie noch jemand

machen würde. Aber Recht hat sie trotzdem, finde ich. Alles zu seiner Zeit, wie Mama immer sagt. Aber für die Schule muss ich jetzt ja wohl an Weihnachten denken. Vielleicht kauft mir Mama ja einen klitzekleinen Lebkuchen, wenn ich sage, dass es für unser Projekt ist. Und alles, was mit Schule zu tun hat, findet Mama sehr wichtig. Auch wenn noch nicht Totensonntag ist.

1. Max' Papa arbeitet im Finanzamt. Welchen Beruf hat seine Mama?
   (sie ist Erzieherin im Kindergarten)
2. Von wem hat Max sein neues Tagebuch geschenkt bekommen?
   (von seiner Schwester Lulu)
3. Was tut Max am liebsten in seiner Freizeit?
   (Fußballspielen, Lesen)
4. Was mag Max an Pauline?
   (klug, super Ideen, kein „typisches" Mädchen)
5. In welches Land fährt Pauline in den Herbstferien?
   Kennt ihr auch die Hauptstadt dieses Landes?
   (Frankreich, Paris)
6. Max' Lehrerin möchte mit der Klasse ein Projekt zu „Weihnachten in anderen Ländern" durchführen. Welche Aufgaben haben die Kinder dabei?
   (vieles über Weihnachten in aller Welt herausfinden, beschreiben und präsentieren)
7. Wie findet ihr die Idee, ein Tagebuch zu schreiben? Was kann man alles in ein Tagebuch schreiben? Probiert es heute Abend doch einmal selbst aus, und schreibt ein Tagebuch für einen Tag!

Weihnachten in Russland

Donnerstag, 20. Oktober

Lulu ist mal wieder verknallt. Sonst ist mir das ziemlich egal, es ist eher nervig, weil sie in der ersten Verliebtheitsphase das Bad noch länger belegt als sonst. Dieses Mal kann mir ihre Beziehung vielleicht nützlich sein. Ihr neuer „Lover" heißt nämlich Sergej und kommt aus Moskau. Er ist ein ausgetauschter Schüler (oder heißt es Austauschschüler?) und wohnt bis zum Ende des Jahres bei uns. Ich werde ihn mal gleich ausquetschen, wie das mit Weihnachten in Russland so ist.

Donnerstag, 20. Oktober, später

Dieser Sergej ist wirklich in Ordnung. Das ist eher eine Seltenheit bei Lulus Verehrern. Die meisten beachten mich entweder überhaupt nicht, oder sie behandeln mich wie ein lästiges Insekt. Aber Sergej hat mir ganz interessiert zugehört, als ich ihm von unserem Weihnachtsprojekt erzählt habe, und mir eine Menge erklärt:

Für die russischen Kinder beginnt Weihnachten erst am 6. Januar! Wir feiern da ja das Dreikönigsfest. In Russland ist dann aber erst Heiligabend. Dass die Russen so spät feiern, liegt an dem anderen Kalender, den die da haben. Er heißt „Julianischer Kalender". Es gibt am 6. Januar aber noch keine Geschenke, und früher musste man stundenlang in der Kirche sitzen.

„Ich glaube, die Kinder sind froh, dass heute die Gottesdienste kürzer sind", sagt Sergej.

Zum Essen gibt es auch nicht so viel. Das liegt daran, dass in der Zeit vor Weihnachten gefastet wird (Fasten ist so was wie eine Diät). 40 Tage lang! Das ist länger als ein Monat! Und so lange gibt es kein Fleisch, keine Butter, keinen Käse. Kuchen und Schokolade fallen dann natürlich auch flach! Eine Adventszeit ohne Plätzchen, Lebkuchen und Schokomänner? Klingt echt grausam! Sergej hält sich jedenfalls nicht an die Fastenzeit. Der mampft dann immer schon fleißig Spekulatius!

Also, am Heiligen Abend gibt es jedenfalls Blini, das sind so kleine Pfannkuchen. Sergej hat mir versprochen, die mal für mich zu machen.
Was dann noch auf den Tisch kommt, klingt für viele vielleicht nicht so lecker. Sochivo nämlich. Das ist ein Brei aus Weizen mit Rosinen, Honig und Mohn. Ich gebe es hiermit zu: Ich liebe Brei! Reisbrei mit extra Zucker und Zimt ist mein absolutes Lieblingsgericht. Und für Grießbrei mit Apfelmus würde ich Lulu verkaufen – also falls die jemand haben will. Und außerdem sind Breiesser die friedlicheren Menschen. Hab' ich mal irgendwo gelesen. Die Zutaten für den Sochivo sind jedenfalls ein Zeichen für die Hoffnung, dass die Familie im Neuen Jahr mehr Geld hat, immer gesund bleibt und so.

Unter den Tisch legt man etwas Heu, das soll die Krippe sein. Nur ohne das Jesuskind und ohne Ochs und Esel. Richtig los geht es dann am 7. Januar. Jetzt kommt unheimlich viel Essen auf den Tisch. Insgesamt zwölf verschiedene Gerichte, für jeden von den Jüngern von Jesus eines. Zum Beispiel Pirogigen (das sind Teigtaschen mit Pilz- oder Gemüsefüllung).
Extra zu Weihnachten werden sie so gebacken, dass sie aussehen wie ein Stern. Es gibt Fisch, Gänse- oder Entenbraten.
Und endlich auch eine Menge Süßigkeiten. Die Fastenzeit ist dann nämlich endlich vorbei. Zum Trinken gibt es jede Menge Wodka. Das ist so was wie das Nationalgetränk in Russland. Es wird beinahe ständig und zu jedem Anlass getrunken. Außer von den Kindern natürlich.

Jetzt gibt es auch Geschenke. Die bringt nicht der Weihnachtsmann, sondern Väterchen Frost, der von seiner Enkelin Schneeflöckchen begleitet wird. Wahrscheinlich finden das vor allem die Mädchen total süüüüß! Die Russen haben auch einen Weihnachtsbaum, der Jolka heißt. Aufgestellt wird er erst Ende Dezember. Also wenn wir den Baum schon wieder abschmücken, weil Mama verrückt wird mit den ganzen Nadeln auf dem Wohnzimmerteppich. *„Jetzt beginnt in Russland die Weihnachtszeit"*, hat Sergej erzählt. Und dass der Jolka toll aussieht mit seinen bunten Glaskugeln. Die Kinder basteln Schnee aus Watte und hängen ihn in den Baum. Früher haben die Familien einen roten Stern ganz oben auf die Baumspitze gehängt. Der Stern sah aus wie der auf dem Kreml. Der Kreml steht in Moskau, das ist die Hauptstadt von Russland. Im Kreml sitzen alle wichtigen Politiker und regieren. Jetzt machen die das nicht mehr so oft. Also einen Stern in den Baum hängen, meine ich.

Jolka nennt man auch die vielen Konzerte, die es in der Weihnachtszeit gibt. Zu den Konzerten kommt man verkleidet wie bei uns an Karneval. Die Leute verkleiden sich als Tannenbäumchen, Schneeflöckchen, Schneemädchen, Kaninchen oder als verschiedene berühmte Film- und Zeichentrickfilmhelden. Die besten Neujahrskostüme bekommen einen Preis. Gerade als ich fragen wollte, was für ein Preis das sein soll, ist leider Lulu ins Zimmer geplatzt. Sie war bei ihrer besten Freundin Henny gewesen. Natürlich hat sie gleich rumgemault, dass sich ihr toller Freund mit ihrem kleinen doofen Bruder abgibt. Aber als Sergej ihr erzählt hat, was die Mädchen früher in Russland zu Weihnachten gemacht haben, war sie still und hat auch zugehört. Das war nämlich so, dass die Mädchen in der Nacht vom 6. auf den 7. Januar in die Zukunft geschaut haben.
Und wie ich meine liebe Schwester kenne, wird sie das gleich heute Abend ausprobieren, obwohl noch gar nicht Weihnachten ist.

Das mit der Wahrsagerei funktioniert so: In einem dunklen Zimmer muss man vor einem Spiegel eine brennende Kerze aufstellen. Schaut man ganz konzentriert und ohne Unterbrechung durch die Kerzenflamme, sieht man im Spiegel seinen zukünftigen Ehemann. Ob sie wohl Sergej im Spiegel sieht? Manche Mädchen haben auch ein weißes Handtuch draußen aufgehängt. Wenn es am nächsten Tag nass oder feucht war, hat das Mädchen im kommenden Jahr geheiratet. Eigentlich ist es ja klar, dass das Handtuch nass ist, wenn man es im Winter draußen aufhängt. Weil doch meistens Schnee liegt oder es regnet. Typisch Weiber, dass die so einen Blödsinn glauben!

Lulu hat so einen verklärten Blick bekommen, und ich habe gewusst, dass mir Sergej jetzt erst einmal nichts mehr über russische Weihnachten erzählen wird. Später hat mir Sergej aber noch aufgeschrieben, wie ein bekanntes russisches Weihnachtslied heißt. Wenn ich noch die Noten herausfinde und zu unserem Projekt lege, gibt das bestimmt Sonderpunkte! Ich bin schon sehr gespannt, was Pauline zu meinen Nachforschungen sagt.

Auf Seite 103 findet ihr das russische Weihnachtslied, das Sergej aufgeschrieben hat.

1. Ist Sergej Lulus erster Freund?
   (nein, sie hatte schon Freunde vor ihm)
2. Wer oder was ist Jolka?
   (der Weihnachtsbaum und Konzerte vor Weihnachten)
3. Die russischen Kinder feiern erst am 6. Januar Weihnachten. Warum ist das so?
   (das liegt am „Julianischen Kalender")
4. Wie lange fasten die Menschen in Russland vor Weihnachten?
   (40 Tage lang)
5. Wie viele verschiedene Gerichte kommen am 7. Januar auf den Tisch? Welche sind das zum Beispiel?
   (zwölf Gerichte, z.B. Pirogigen, Fisch, Gänse- und Entenbraten, Süßigkeiten)
6. Max und Lulu überlegen sich schon mal ein Weihnachtsgeschenk für ihre Eltern. Es soll nicht zu viel kosten und etwas ganz Besonderes sein. Da haben sie einen tollen Einfall: ein selbstgebasteltes Quartett aus Kinderfotos. Und zwar nicht nur von Max und Lulu, sondern auch von Mama und Papa. Jetzt müssen sie nur noch möglichst unauffällig die Fotoschachteln durchwühlen ... Wenn ihr das auch ausprobieren wollt, findet ihr eine Anleitung im Anhang (S. 98).
7. Sergej ist ein Austauschschüler. Wisst ihr, was das genau ist?
8. Sergej erzählt, dass viele junge Mädchen früher in der Weihnachtszeit versucht haben, in die Zukunft zu schauen. Was haltet ihr vom Wahrsagen? Würdet ihr solche Bräuche auch ausprobieren?

Weihnachten in Frankreich

Heute kam eine E-Mail von Pauline. Hier ist sie:

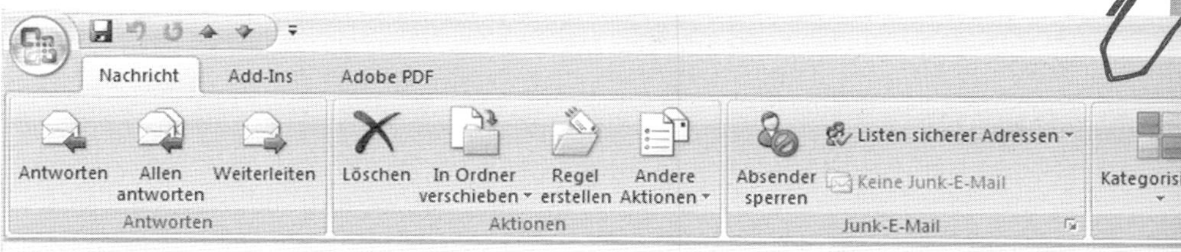

Von: ‚Pauline'
An: ‚Max'
Cc:
Betreff: Weihnachten in Frankreich — Gesendet: 29. Oktober

Nachricht | Rezept für einen weihnachtlichen Baumkuchen (S. 98)

Hallo Max,
seit Samstag sind wir in Grenoble. Wir besuchen meinen Bruder Jonas, der hier studiert. Manchmal wenigstens, denn er macht auch viele andere Sachen, von denen Mama und Papa nicht so begeistert sind. Montagabends auf Partys gehen zum Beispiel und immer mit verschiedenen Mädchen knutschen.
Wir wohnen alle in seiner kleinen Wohnung, was etwas anstrengend ist, weil man sich nicht aus dem Weg gehen kann.

Aber nun zu unserer Hausaufgabe. Natürlich habe ich schon vor ein paar Tagen Jonas gefragt, wie das hier so mit Weihnachten ist. Schließlich wohnt er schon seit über einem Jahr in Frankreich. Er sollte sich also auskennen. Er hat sich sogar mit seinem Professor darüber unterhalten (extra für mich!) und hat mir total viel erzählt. Die Restfamilie war auf Sightseeing-Tour, und ich war endlich mal alleine mit Jonas. Wir haben es uns auf seinem Sofa gemütlich gemacht, und Jonas hat zur Feier des Tages eine Flasche Cola aufgemacht – die hat er extra für mich gekauft – sonst hat er nämlich nur Rotwein da!

Ich finde es so schade, dass er in Frankreich studiert und nicht mehr so oft zu Hause ist. Aber jetzt zu seinem Bericht:

Weihnachten ist das wichtigste Familienfest, trotzdem gehen die Leute am 24. Dezember noch ganz normal zur Arbeit. Die Kinder haben schon eine ganze Woche vor Weihnachten Ferien. Wenn die Eltern dann auch zu Hause sind, geht es richtig los. Und zwar mit einem guten Essen. Das dauert ewig! Drei Stunden mindestens! Da tut einem doch der Popo weh!

Viele Familien essen „Dinde aux marrons", das ist ein Truthahn mit Maronen. Maronen sind Kastanien, die man essen kann. Gibt es oft bei uns auf den Weihnachtsmärkten. Das große Schlemmen nennt sich „le révellion" (die ganzen komplizierten Namen hat mir der Professor auf einen Zettel geschrieben), und außer Truthahn gibt es noch Austern, „foie gras" (das ist Gänseleberpastete – puh!) und dazu massenhaft Champagner (natürlich mal wieder nur für die Erwachsenen – obwohl, ich hab' mal einen kleinen Schluck probieren dürfen, und es hat geschmeckt wie etwas vermodertes, das war vielleicht eklig. Keine Ahnung, warum die Erwachsenen so einen Wirbel darum machen). Zwischen dem Käse und dem Nachtisch fangen die Großmütter und Großväter an, zu singen. Nicht nur Weihnachtslieder, sondern auch Trinklieder und Militärlieder (also solche mit Krieg und so, finde ich ja nicht sehr passend für ein friedliches Fest!). Am Schluss singen alle mit. Die Kinder müssen dann noch Klavier oder Flöte spielen und auch noch mal was singen.

Wenn alle kaputt vom Essen und Singen sind, gehen viele Familien in die Mitternachtsmesse. Die ist aber gar nicht um Mitternacht, sondern ein bisschen früher. Sobald die Familie wieder daheim ist und schläft, schleicht sich Père Noël durch den Kamin. Das ist der französische Weihnachtsmann. Die Geschenke legt er in die Schuhe, die die Kinder vor den Kamin gestellt haben. Manche Eltern stellen Père Noël ein Glas Milch und etwas zu essen hin, damit er sich für seine anstrengende Arbeit stärken kann. Das finde ich sehr nett! Ich weiß nicht, was die Familien machen, die keinen offenen Kamin haben. Vielleicht kommt zu denen Père Noël einfach durch die Haustür.

Auspacken dürfen die Kinder die Geschenke aber erst am nächsten Morgen. Das ist aber nicht so schlimm, weil die Kinder ja sowieso schlafen, wenn die Geschenke kommen.

Vor allem auf dem Land gibt es noch den Brauch, einen dicken Holzklotz ganz langsam zu verbrennen und die Asche anschließend auf dem Feld zu verstreuen. Das soll Glück und im nächsten Jahr eine gute Ernte bringen. So einen Holzklotz gibt es auch zu essen. Natürlich keinen echten. Er ist gebacken und sieht eben aus wie ein Holzklotz. Deswegen heißt er auch „Bûche de Noël". Das heißt soviel wie „Weihnachtsklotz". Jonas hatte sogar ein Rezept. Das ist aber ziemlich aufwändig und kompliziert. Deswegen gibt es einen Trick! Man kann den Weihnachtsklotz nämlich auch ganz einfach aus Eis machen. Geht schnell, schmeckt super (glaub' ich jedenfalls, ich habe es ja noch nie gekostet). Ich schicke dir das Spezial-Weihnachtsklotz-Rezept im Anhang mit (S. 98).

In der Provence, das liegt im Süden von Frankreich, isst man nach dem Kuchen noch zwölf andere Desserts. Wer von jedem etwas isst, hat im Neuen Jahr besonders viel Glück. Und wahrscheinlich Bauchschmerzen. Als mir Jonas so viel übers Essen erzählt hat, hab' ich natürlich auch Hunger bekommen. Wir haben also eine Pause eingelegt und eine typische Spezialität von Grenoble gekocht. Es heißt „Gratin dauphinois" und ist ein leckerer Kartoffelauflauf. Meine Eltern und das „junge Gemüse" waren noch immer in der Stadt unterwegs, also hatten wir den Auflauf ganz für uns alleine. Mann, danach war ich so satt wie nach drei Truthähnen! Ohne Maronen!

Während dem Kochen hat Jonas mir noch erzählt, dass die Krippe ganz wichtig in Frankreich ist. In jeder Kirche steht natürlich eine, aber die meisten Familien haben auch eine zu Hause. Die Krippenfiguren sind etwas ganz Besonderes. Sie sind nämlich nicht aus Holz wie meistens bei uns, sondern aus Ton. Sie werden ganz bunt bemalt und kommen eigentlich aus der Provence. Genau wie die vielen Desserts. Inzwischen gibt es die so genannten Santons aber in ganz Frankreich. Es gibt ganz viele Figuren, die nicht immer etwas mit der Weihnachtsgeschichte zu

tun haben. Da gibt es Ärzte und Briefträger, alte und junge Leute und natürlich einen ganzen Haufen Kinder. Die Krippen können riesig sein! Vor ein paar 100 Jahren hat man die Santons erst aus Brotteig gebacken und dann angemalt. Weil in den Kirchen keine Krippen stehen durften. Das hat irgendwas mit der Französischen Revolution zu tun.
So richtig hab' ich das aber nicht verstanden. Irgendwie hatten die Leute von der neuen Regierung was gegen Krippenfiguren, aber auch gegen die Kirche ganz allgemein. Da haben sich die Bauern und ärmeren Menschen halt selber Krippenfiguren gemacht. Ganz schön schlau ausgetrickst! Die Idee hätte auch von mir kommen können! Ich habe hier rechts mal so eine Krippe hingemalt.

Übrigens steht hier der Weihnachtsbaum schon ab dem 1. Dezember im Wohnzimmer, damit man ihn auch gebührend bewundern kann. Nach Weihnachten, so um den 28. Dezember herum, fliegt der Baum wieder raus. Bei uns zu Hause steht der bis zum Dreikönigstag. Dann fängt er fürchterlich an, zu nadeln. In Frankreich schmückt die ganze Familie den Baum mit bunten Kugeln, Spielsachen und sogar mit Früchten. Also mit Äpfeln und so. Ich glaube, eine Ananas hängen sie nicht in die Zweige.
So, das wär's. Bis nächste Woche dann. Ich freu' mich schon auf dich, meine Familie fällt mir auf so engem Raum noch schneller auf den Wecker als sonst!

Viele Grüße,
deine Pauline

1. Pauline schreibt eine E-Mail an Max. Sie besucht ihren Bruder in Frankreich. Wisst ihr noch, wie er heißt?
   (Jonas)

2. Was essen die Franzosen zum Truthahn – Maronen oder Kastanien? Was ist der Unterschied?
   (Maronen – die kann man essen; mit Kastanien nur basteln)

3. Wie kommt Père Noël in die Häuser hinein?
   (durch den Kamin)

4. Was war früher das Besondere an französischen Krippenfiguren?
   (sie waren aus Brotteig gebacken)

5. Wann war die große Französische Revolution? (1789–1799) Schlagt im Lexikon nach. Wisst ihr, was da passiert ist?

6. Paulines Bruder hat seinen Professor nach dem Weihnachtsfest in Frankreich befragt. Was macht ein Professor?

7. Wieso findet es Pauline wohl unpassend, an Weihnachten Kriegslieder zu singen? Wie ist eure Meinung dazu?

8. In Frankreich gibt es Weihnachtskrippen mit ungewöhnlichen Figuren (siehe S. 19). Denkt euch selbst eine ungewöhnliche Krippe aus, und malt sie auf. Vielleicht fallen euch auch ungewöhnliche Figuren, Kleider und Orte für eure Krippe ein.

Weihnachten in Österreich

Mittwoch, 2. November

Endlich Herbstferien! Ausschlafen und keine Hausaufgaben machen! Und dann machen wir seit Samstag außerdem Urlaub in Österreich, das ist echt klasse. Wir sind hier im Salzburger Land. Leider musste Lulu auch mit – obwohl sie nicht wollte. Sie wäre viel lieber bei ihrem Sergej geblieben. Mama und Papa haben ihr aber nicht erlaubt, mit ihm alleine zu Haus zu bleiben. Sie hatten wohl Angst, dass Lulu und ihre zahlreichen Freunde das ganze Haus auf den Kopf stellen würden. So ganz unberechtigt war diese Sorge wohl nicht. Ich habe nämlich ein Gespräch mit ihrer besten Freundin Henny belauscht. Da ging es um die coolste Party aller Zeiten – und das in unserem Haus. So ein Pech aber auch, dass Mama und Papa ihr einen Strich durch die Rechnung gemacht haben! Leider ist sie jetzt noch zickiger und unausstehlicher als sonst.

Abgesehen von Lulus Launen ist es hier super. Wir wohnen in einem ganz alten Bauernhof. Ich glaube, er ist 300 Jahre alt. Das muss man sich mal vorstellen! Einen neuen Freund habe ich hier auch schon gefunden. Seppi ist der Sohn unserer Vermieter und nur ein paar Monate älter als ich. Er ist total nett. Als ich ihm von unserem Schul-Weihnachtsprojekt erzählt habe, hat er so strahlende Augen gekriegt und mir erzählt, dass seine Oma mir da sicher ganz viel erzählen kann – weil sie doch schon so alt ist und natürlich schon wahnsinnig oft Weihnachten erlebt hat. Außerdem kennt sie natürlich auch noch viele Bräuche, die man heute vielleicht nicht mehr so kennt. Sie wohnt auch hier im Haus, und heute Abend haben der Seppi und ich eine Verabredung mit ihr in der Kuchl (so sagen die hier zur Küche!). Ich werde dann später weiter berichten …

Mittwoch, 2. November, abends

Dem Seppi seine Oma ist eine richtige Bilderbuchoma. Ihre weißen Haare sind zu so einem Knoten hochgesteckt, und sie hat meistens eine Schürze an. Und nie Hosen! Jedenfalls ist sie mir in den paar Tagen, in denen wir hier sind, noch in keiner über den Weg gelaufen. Und sie hat die blauesten Augen, die ich je gesehen habe. Die leuchten richtig und schauen einen ganz lieb an. Sie hat sich total gefreut, dass mich die österreichischen Bräuche so interessieren. Bevor sie angefangen hat, zu erzählen, musste ich aber erst mal ihre Bratäpfel kosten, die hat sie extra für den Seppi und für mich gemacht. Die waren vielleicht lecker! Mit selbstgemachter Vanillesoße, keiner aus der Packung! Und mit Nüssen, mhm! Aber ich schweife schon wieder ab, das ist echt eine schlechte Angewohnheit von mir. Dabei war es ganz schön spannend, was die Seppi-Oma alles zu berichten hatte ...

Bei uns kommt der Nikolaus ja manchmal in Begleitung von Knecht Ruprecht. Das ist der Gehilfe vom Nikolaus. Ungezogene Kinder bekommen von ihm eine Rute, angeblich. Bei mir war Knecht Ruprecht natürlich noch nie! Hier in Österreich hat der Nikolaus auch einen Begleiter. Er heißt Krampus und ist ziemlich Furcht einflößend. Er hat ein Fell an und rasselt mit seinen Ketten. Vielleicht denkt er, er ist ein Schlossgespenst! Seine Maske soll an den Teufel erinnern. Kann mir gut vorstellen, dass er damit vor allem kleinen Kindern richtig Angst macht. Ganz ehrlich – ich finde die Vorstellung, dass da so ein fellummantelter Typ mit Teufelsmaske im Dunkeln um die Häuser schleicht, auch ganz schön gruselig! Die Oma vom Seppi meinte aber, dass der Krampus nur bei ganz bösen Buben zum Einsatz kommt. Ich bin aber trotzdem froh, dass ich am 5. Dezember nicht mehr hier bin. Man weiß ja nie!

Am Abend vor dem Nikolaustag kommt der Krampus ins Haus. In manchen Orten gibt es um den 5. Dezember herum auch einen Krampus- oder Perchtenlauf. Die Perchten sind auch so unheimliche Gestalten. Woher der Name kommt, weiß man nicht so richtig. Manche sagen, dass der Name von einer Sagengestalt kommt, die Perchta heißt.

Andere behaupten, der Name kommt von „Epiphanias", also dem Dreikönigsfest am 6. Januar. Dann sind die Perchten immer noch unterwegs. Vor allem aber in den „Raunächten". Das sind die Tage zwischen dem 24. Dezember und dem 6. Januar. In diesen Nächten ist es nicht ganz geheuer. Und man sollte lieber nicht alleine im Dunkeln herumspazieren.

Es gibt gute und böse Perchten. Erkennen kann man sie vor allem auch an der Glocke, die sie um den Hals hängen haben. Damit sollen die bösen Geister der kalten, dunklen Jahreszeit ausgetrieben werden. Ich habe das so verstanden, dass die Geister durch den Lärm in die Flucht geschlagen werden. Unsere Lehrerin, Frau Rössle, ist auch immer so schrecklich lärmempfindlich. Für die wäre so ein Percht also auch nichts. Der Perchten- und Krampuslauf ist so eine Art Umzug, bei dem auch noch Hexen und andere Wesen unterwegs sind. Eigentlich ist ein Percht aber ein gutes Omen. Das heißt, der Typ soll Glück bringen. Klar, wenn er doch die bösen Geister vertreibt ...

Es wird sich aber nicht nur gegruselt in der Adventszeit. Die ganze Wohnung wird auf den Kopf gestellt, und es wird geputzt und geschrubbt (vielleicht kommt der Krampus und haut einem die Rute auf den Kopf, wenn es dreckig ist!). Es werden Vanillekipferl und andere leckere Plätzchen gebacken, und die Kinder schreiben einen Wunschzettel an das Christkind. Weil es in der Steiermark einen Ort gibt, der „Christkindl" heißt, schreiben die Kinder ihre Briefe oft direkt dorthin. Klar, wieso sollte man einen Riesenumweg über den Himmel machen, wenn es auch einfacher geht. Und das Porto für die Briefe ist bestimmt auch billiger.

Ob das Christkind tatsächlich in „Christkindl" wohnt? Ich glaube, in diesem Jahr schreibe ich auch mal dahin. Es gibt sogar eine Sonderpoststelle – extra für die Weihnachtswunschbriefe. Seppis Oma hat uns noch geraten, beim nächsten Urlaub in der Weihnachtszeit zu kommen, um einen der wunderschönen Weihnachtsmärkte besuchen zu können.
Den Wiener Weihnachtsmarkt gibt es schon seit 700 Jahren! Natürlich sind die Sachen, die man da kaufen kann, nicht ganz so alt. Und die Verkäufer auch nicht. Am Heiligen Abend hört man in fast jedem Wohnzimmer das

Lied „Stille Nacht, heilige Nacht". Das kennt ja wohl jeder. Überrascht hat mich aber, dass das Lied von einem österreichischen Lehrer komponiert wurde. Franz Xaver Gruber hieß der. Den Text zum Lied hat ein Pfarrer gedichtet, nämlich der Joseph Mohr. Und woher kam der? Aus Salzburg – auch einer Stadt in Österreich! Kein Wunder, dass die Seppi-Oma so stolz darauf ist! Seit 1818 müssen die Kinder Jahr für Jahr am Heiligen Abend dieses Lied auf der Flöte oder auf dem Klavier der versammelten Verwandtschaft vorspielen. Jetzt weiß ich wenigstens, wem ich da die Schuld geben kann.

Als die Seppi-Oma mit ihrem Bericht zu Ende war, ist es ganz schön spät gewesen. Außer uns war niemand mehr in der Küche, alle anderen sind schon ins Bett gegangen. Obwohl ich nicht mehr nach draußen musste (keine zehn Pferde hätten mich dazu gebracht, nach draußen zu gehen), nur noch die Treppe hoch zu unserer Ferienwohnung, war mir doch unheimlich zu Mute. Die Stufen haben so geknarzt, und das Treppenhauslicht ist auf halbem Weg nach oben ausgegangen. Plötzlich stand ich im Dunkeln. Da hab' ich richtig Herzklopfen bekommen. Das nächste Mal lasse ich mir so Gruselgeschichten nur tagsüber erzählen!

Obwohl der Krampus so gruselig ist, habe ich ihn hier mal zusammen mit dem Nikolaus gezeichnet.

1. Warum hat Lulu so schlechte Laune?
(sie wollte lieber bei Sergej bleiben)

2. Wie sieht der Krampus aus?
(sehr gruselig: er hat eine Teufelsmaske, Hörner und struppiges Fell)

3. Wie heißt der Ort, an den viele Kinder in Österreich ihren Brief an das Christkind schicken?
(Christkindl)

4. Wann sind die Raunächte? Was passiert da?
(In den Raunächten vom 24.12. bis zum 6.1. sind die „Perchten" unterwegs)

5. Wer hat das Lied „Stille Nacht, heilige Nacht" geschrieben?
(Melodie: Franz Xaver Gruber, Text: Joseph Mohr)
Könnt ihr die erste Strophe des Liedes auswendig aufschreiben?

6. Die Seppi-Oma backt in der Adventszeit eine typisch österreichische Spezialität. Nämlich Vanillekipferl. Backt sie doch einmal nach, es ist gar nicht so schwer. Das Rezept findet ihr im Anhang (siehe S. 99).

7. Ältere Menschen wissen oft viel über alte Bräuche. Warum geht dieses Wissen heute oft verloren? Sprecht darüber, was eine Großfamilie ist und wie sich das Zusammenleben in der Familie in den letzten 100 Jahren geändert hat. Welche Rolle spielt z.B. das Fernsehen?

8. In den Ort „Christkindl" schicken die Kinder in Österreich ihre Wunschzettel. Schreibt selbst einen kleinen Brief an das Christkind mit euren Wünschen und Gedanken zu Weihnachten.

Weihnachten in den Niederlanden

Dienstag, 15. November

Leider sind die Ferien schon wieder vorbei. Mit dem Seppi habe ich noch viel unternommen. Der war echt klasse. Ich hoffe, wir bleiben Freunde, und er kommt mich mal besuchen. Am letzten Ferientag haben wir nachts sogar noch eine Fackelwanderung gemacht. Ich habe mir vorgestellt, dass jetzt gleich der Krampus mit seiner Teufelsmaske hinter dem nächsten Busch hervorspringt. Da ist mir fast das Herz stehen geblieben! Die Seppi-Oma hat mich zum Abschied ganz fest gedrückt und gesagt, sie hofft, dass ich bald mal wiederkomme. Und eine Tüte mit Krapfen hat sie mir zugesteckt. Die hat sie am Morgen noch schnell selbst gebacken. So eine liebe Oma – da hat der Seppi echt Glück!

Heute Nacht ist der erste Schnee gefallen. Ich bin gleich nach dem Aufstehen noch im Schlafanzug nach draußen gerannt, um Lulu mit einem schönen Schneeball zu überraschen. Leider hat Mama mich erwischt und mich sofort wieder ins Haus gescheucht. Ob ich unbedingt an Weihnachten mit einer Lungenentzündung im Bett liegen will, hat sie geschimpft. Dabei war mir gar nicht kalt. Dass Mütter sich immer so anstellen müssen! Lulu, die blöde Pute hat sich natürlich ins Fäustchen gelacht, dass aus meiner frostigen Überraschung nichts geworden ist. Da hab' ich mich ganz schön geärgert.

Mit unserem Weihnachtsprojekt geht es dafür ganz gut voran. Dank Paulines Bruder, Lulus Lover und der lieben Seppi-Oma aus Österreich wissen wir jetzt schon, wie in drei Ländern Weihnachten gefeiert wird. So weit sind die anderen aus der Klasse sicher noch nicht. Ich werde heute nach der Schule noch schnell in der Bücherei vorbeischauen, vielleicht finde ich da was über die Niederlande. Im Sommer vor zwei Jahren haben wir dort Urlaub am Meer gemacht, würde mich echt interessieren, was es da für Weihnachtsbräuche gibt!

Dienstag, 15. November, nachmittags

Frau Greulich von der Bücherei war wieder total nett. Überhaupt nicht so, wie sie heißt (dafür kann sie ja nichts). Inzwischen kennt sie auch meinen Namen (ich bin ja auch oft genug da!) und hat mir sofort geholfen, ein bisschen im Internet zu recherchieren. Wir haben ganz schön viel über holländische Weihnachtsbräuche gefunden.

Die Kinder bekommen ihre Geschenke bereits am Vorabend des Nikolaustages. Die Niederländer feiern am 5. Dezember nämlich den „Sinterklaasavond“. Dieser Abend ist fast wichtiger als der Weihnachtsabend und wird richtig groß gefeiert. Der Nikolaus heißt „Sinterklaas“ und wird begleitet vom Zwarte Piet (das heißt „Schwarzer Peter“). Der ist tatsächlich dunkelhäutig. Er hat einen Turban auf und ganz bunte Kleider an. Sein Chef, der Sinterklaas, bringt nicht nur die Geschenke für die Kinder, er ist auch der Schutzpatron für die Seefahrer. Ein Schutzpatron ist so was wie ein Aufpasser.

Sinterklaas kommt zusammen mit dem Zwarte Piet den weiten Weg aus Spanien mit dem Schiff angereist. Die Niederländer waren früher ganz große Seefahrer. Im 17. Jahrhundert war das. Mit riesigen Segelschiffen sind die Holländer nach Spanien gefahren, da hatten sie geschäftlich viel zu tun. In Spanien waren zu der Zeit schon viele Menschen aus Afrika. Deswegen wird Sinterklaas nämlich auch vom Schwarzen Peter begleitet. Den hat er wohl in Spanien kennengelernt.

Schon drei Wochen vor dem 5. Dezember kommen die beiden mit dem Dampfer (den gab es im 17. Jahrhundert noch nicht) im Hafen an. Die Ankunft wird sogar im Fernsehen gezeigt. Ab da sieht man die beiden echt überall. In der Schule, im Kaufhaus und auf der Straße. Sinterklaas reitet auf einem weißen Pferd von Haus zu Haus und verteilt die Geschenke. Böse Kinder kriegen nichts. Die nimmt der Zwarte Piet in seinem Sack mit nach Spanien! Klingt gar nicht so schlecht. Vielleicht könnte der einfach Lulu mitnehmen.

Die Geschenke für die lieben Kinder sind so verpackt, dass man nicht erkennen kann, was drinnen ist. Manchmal ist in dem Verpackungskarton ein kleinerer, bis am Schluss nur eine Streichholzschachtel übrig bleibt. Meiner Erfahrung nach sind die interessantesten Geschenke ja die großen. Kann mir nicht vorstellen, was in so einer Streichholzschachtel Tolles drin sein soll. Außerdem ist in jedem Geschenk auch noch ein lustiges Gedicht, das den Beschenkten auf den Arm nimmt. Erst ein superkleines Geschenk, und dann wird man noch veräppelt. Na toll! Da feiere ich lieber hier.

Am 7. Dezember fährt Sinterklaas schon wieder zurück nach Spanien. Angeblich hat er da ein Schloss. Sobald er weg ist, wird der Weihnachtsbaum gekauft und geschmückt. Darüber habe ich mich gewundert. Mag Sinterklaas etwa keine Weihnachtsbäume? Ist er vielleicht allergisch auf das Tannengrün? Ist doch schade, dass er bei seinem kurzen Besuch in den Niederlanden nie einen geschmückten Baum zu Gesicht bekommt.

Ein Brauch hat mir noch sehr gut gefallen. In Holland haben nämlich Buchstaben aus Schokolade eine lange Tradition. Zur Weihnachtszeit essen die Niederländer diese für ihr Leben gern. Jedes Jahr gehen ungefähr 20 Millionen Buchstaben über die Ladentheke – das sind so viele wie nirgendwo anders auf der Welt! Warum das so ist, hat Frau Greulich auch herausgefunden. Früher wurden nämlich die Geschenke zu Sinterklaas mit einem Laken abgedeckt. Damit die Kinder trotzdem wussten, welches Geschenk für sie bestimmt war, lag darauf der Anfangsbuchstabe ihres Namens – gebacken aus Brotteig. Irgendwann war das Backen den Leuten wahrscheinlich zu anstrengend, und sie haben angefangen, die Buchstaben zu kaufen. Erst welche aus Teig, später dann aus Schokolade. Ich finde es natürlich leckerer, wenn die Buchstaben aus Schokolade sind! Ich hab' mich dann bei Frau Greulich bedankt (sie ist wirklich sehr nett!) und bin nach Hause gegangen.

Ich habe Pauline angerufen und ihr von meinen neuen Ergebnissen berichtet. Natürlich habe ich geglaubt, dass sie die Sache ganz toll findet und mich lobt, weil ich so fleißig war. Pustekuchen! Beleidigt war sie, weil ich ohne sie in die Bücherei gegangen bin. Da denk' ich, sie freut sich, dass ich so viel herausbekommen habe, und sie macht einen auf beleidigte Leberwurst! Mädchen halt! Ich werde jetzt erst mal gar nichts mehr unternehmen. Sowieso bin ich echt müde und gehe jetzt ins Bett. Soll Pauline sich doch um unser Projekt kümmern!

Ich mal' jetzt hier noch Sinterklaas und Zwarte Piet hin und sage gute Nacht, Tagebuch!

1. Aus welchem Land kommt der Zwarte Piet (der Schwarze Peter)? *(aus Spanien)*

2. Wo sucht Max Informationen zum Thema Weihnachten in den Niederlanden? *(Bücherei und Internet)*
   Wenn ihr etwas zu einem bestimmten Thema wissen wollt, was für Möglichkeiten gibt es noch?

3. Warum waren die großen Segelschiffe im 17. Jahrhundert für die Niederlande so wichtig?
   (Handel mit Spanien)

4. Welche leckeren Süßigkeiten legen die Niederländer oft auf die Geschenke?
   (Buchstaben aus Schokolade)

5. Die großen Seefahrerländer haben früher so genannte „Kolonien" gegründet. Findet heraus, was das ist.

6. Pauline ist sauer, als Max sie am Abend anruft und ihr von seiner Detektivarbeit in der Bücherei mit Frau Greulich erzählt. Sprecht darüber, warum Pauline sauer sein könnte. Könnt ihr Paulines Ärger verstehen? Was ist ganz wichtig, wenn man sich mit seinem Freund oder seiner Freundin gestritten hat?

7. In den Niederlanden ist es üblich, dem Weihnachtsgeschenk ein kleines Spottgedicht beizufügen. Es soll aber lustig sein und darf auf keinen Fall den Beschenkten beleidigen. Versucht, ein vierzeiliges Gedicht auf euren Freund oder eure Freundin zu schreiben. Lest die Gedichte anschließend in der Klasse vor, und versucht, zu erraten, wer damit gemeint ist.

Weihnachten in Südafrika

Mittwoch, 16. November

Ich fürchte, mein kurzer Ausflug in den Schnee gestern war doch keine so gute Idee. Bin heute Morgen mit einem üblen Kratzen im Hals aufgewacht, und als ich aufstehen wollte, hat sich alles vor meinen Augen gedreht. Ich bin gleich zurück ins Bett gesunken und habe Mamas vorwurfsvolle Blicke über mich ergehen lassen. Denn klar – sie hatte mal wieder Recht! Nach einem ausgedehnten Schläfchen und zwei Tassen Salbeitee (würg!) geht es mir jetzt wieder etwas besser. So ein Tag im Bett ist ja auch nicht zu verachten. Man kann gemütlich lesen und ein bisschen fernsehen … Die Mama ist extra von der Arbeit zu Hause geblieben, und nachdem ihr erster Groll verraucht ist, hat sie mich ganz lieb gefragt, was ich denn zum Mittagessen möchte. Ich habe mir natürlich Reisbrei mit extra viel Zucker und Zimt gewünscht. Das bekomme ich leider nicht so oft, weil Lulu das eklig findet und auch Papa das nicht so gerne mag.

Am Nachmittag hat dann Pauline geklingelt und die Hausaufgaben vorbeigebracht. Zu mir ins Zimmer kommen wollte sie nicht wegen der Ansteckungsgefahr. Sie ist da ein bisschen komisch, die Pauline. Sie sieht überall giftige Viren und Bazillen herumschwirren. Sie hat mir aber einen Brief dagelassen, das ist natürlich auch nett von ihr. Ich leg' den jetzt einfach mal hier dazu.

Lieber Max,

tut mir leid, dass ich gestern sauer auf dich war. Aber zu deinen nächsten Weihnachtsunternehmungen nimmst du mich wieder mit, klar?! Bist du sehr krank? Hoffentlich habe ich mich nicht bei dir angesteckt! Vielleicht sollte ich sicherheitshalber zum Arzt gehen.

In der Schule hast du heute nichts versäumt. Frau Rössle hat für nächste Woche ein Diktat angekündigt, und Sebastian und Titus haben sich in der Pause gekloppt und gestritten, wer das bessere PC-Spiel hat. Das Übliche eben. Aber als Frau Rössle uns gefragt hat, wie es mit unserem Projekt vorangeht und ob wir auch „exotischere" Länder, wie zum Beispiel Neuseeland, nehmen, hat sich der blöde Marc-Leon gemeldet. So ganz angeberisch hat er erzählt, dass er mit seiner Familie im letzten Jahr an Weihnachten in Südafrika war. Und dann hat er erzählt, wie die da Weihnachten feiern. Eigentlich war das ganz interessant, was er so berichtet hat. Nur war natürlich alles wieder ganz toll und ganz teuer, und die Leute im Hotel haben alles extra für seine Familie gemacht. Wer's glaubt ... Ich schreibe dir mal auf, was er erzählt hat, wir können die Infos ja vielleicht auch einfach für unser Projekt verwenden!

Marc-Leon hat gesagt, dass in Südafrika die Jahreszeiten total verdreht sind. Wenn wir in Deutschland Winter haben, ist in Südafrika Sommer. Das liegt daran, dass Südafrika auf der südlichen Erdhalbkugel liegt. Die Kinder haben Sommerferien, und die Strände sind überfüllt. Ob da wohl so eine richtig gemütliche Weihnachtsstimmung aufkommt? Also für mich gehört zur Adventszeit, dass es draußen eiskalt ist und man es sich drinnen kuschelig macht. Und dann gibt es da natürlich auch keinen Schnee! Keine Schneeballschlachten, keinen Schneemann bauen und keine Iglus (erinnerst du dich an das vom letzten Jahr, war cool, oder?).

Aber weiter zu Marc-Leons Bericht. Am ersten Weihnachtsfeiertag gehen die Leute schon um sieben Uhr morgens in die Kirche. Später wird es zu heiß! Anschließend gibt es wie bei uns ein gutes Essen. Meistens wird gegrillt. Direkt neben dem Pool! Weihnachtsbäume gibt es manchmal auch.

Allerdings ist Afrika ja nun nicht gerade bekannt für seine Nadelgewächse. Dafür wachsen dort Affenbrotbäume. Die müssen als Christbaum herhalten. Manchmal gibt es auch Tannen aus Draht, oder man schmückt die Wurzeln von so einem Guavenbaum.

In Durban (das ist eine Stadt dort) wird der Weihnachtsbaum aus Lakritz gebastelt und nach Weihnachten aufgegessen. Da hat man schon keinen Ärger mit den Nadeln, und wegbringen muss man ihn auch nicht. Ganz schön praktisch! Außer, man mag kein Lakritz. Dann ist es natürlich schlecht. Die Kerzen liegen bis zum Anzünden im Kühlschrank. Sie würden sonst sofort schmelzen! Krass, oder? Der Baum steht schon ab dem 1. Dezember geschmückt im Wohnzimmer. Da ist es ja gut, dass es keine echte Tanne ist, kann mir vorstellen, dass die sonst ganz schön nadeln würde.

So feiern zumindest die wohlhabenden Weißen Weihnachten – zum Beispiel die Nachfahren von Engländern und Niederländern. Für die Schwarzafrikaner – die Urbevölkerung – bedeutet Weihnachten vor allem, dass sie ihre Familie wiedersehen. Viele haben nur einmal im Jahr Gelegenheit, in ihre Heimatorte zu fahren, weil sie nur ganz weit weg Arbeit gefunden haben. Sie sparen monatelang auf die Reise. So kitschige Weihnachtsdekoration wie bei uns gibt es in Südafrika auf dem Land nicht. Steht in der Nähe des Dorfes eine Kirche, gehen die Menschen dort hin und bestaunen die Krippe. Viel wichtiger ist es aber, mit der Familie zusammen zu sein, gemeinsam zu kochen und ausgelassen zu feiern und zu tanzen. Da geht es ganz schön laut und farbenfroh zu. Fast wie beim Karneval in Köln!

Wie die schwarze Urbevölkerung in Südafrika feiert, hat übrigens Frau Rössle erzählt. Das hat Marc-Leon natürlich nicht gewusst, der olle Angeber! Ganz toll finde ich, dass man Weihnachtsgrüße in Südafrika in ganz vielen verschiedenen Sprachen hört. Weil da so viele verschiedene Völker leben, die auch verschiedene Religionen haben. Ein paar habe ich mir gemerkt: „Merry Christmas!" (das ist natürlich Englisch), auf Afrikaans (das ist die Sprache der niederländischen Nachfahren) heißt es „Geseende Kersfees!", bei den Zulu sagt man „Sinifisela Ukhisimusi Omuhle!", und bei den Sotho wünscht man sich „Matswalo a Morena a Mabotse!" Sag das mal 3-mal ganz schnell hintereinander!!

Frau Rössle hat Marc-Leon total gelobt, weil er so viel wusste. Das hat dem Blödmann natürlich gefallen (und ich musste mich fast übergeben)! Der wird Augen machen, wenn wir erst einmal loslegen und unser Super-Projekt vorstellen! Ohne dich ist es ziemlich öde in der Schule, ich hoffe, du kommst morgen wieder!

Gute Besserung wünscht dir deine Pauline.

Mann, bin ich froh, dass Pauline nicht mehr sauer auf mich ist! Ich bekomme immer so ein blödes Gefühl im Bauch, wenn wir verkracht sind. Dass mit Marc-Leon ist mal wieder typisch. Immer muss er angeben! Bloß, weil seine Eltern reich sind und sich teure Reisen und Luxushotels und sowas leisten können. Unsere Urlaube wären auch nicht schöner, wenn wir statt nach Österreich oder Holland auf die Malediven fliegen würden. Vor allem, wenn Lulu mit dabei ist! Ich muss zugeben, dass ich Frau Rössles Weihnachtsprojekt mittlerweile ganz schön spannend finde. Ich bin ganz neugierig, was wir in den nächsten Tagen noch alles herausbekommen!

1. Welche Sprache sprechen die niederländisch-stämmigen Menschen in Südafrika?
(Afrikaans)

2. Warum sehen viele Schwarzafrikaner ihre Familie so selten?
(sie haben nur ganz weit weg Arbeit gefunden)

3. In Afrika gibt es keine Tannen oder Fichten. Welche Bäume werden dort als Weihnachtsbäume verwendet?
(Affenbrotbäume oder Guaven)

4. Warum ist an Weihnachten in Südafrika Sommer, wenn bei uns Winter ist?
(Südafrika liegt auf der südlichen Erdhalbkugel.)

5. Pauline hat Angst, sich bei Max mit der Erkältung anzustecken. Wie kann man sich in der kalten Jahreszeit vor Schnupfen, Husten und Co. schützen?

6. In Südafrika leben ganz verschiedene Völker, die viele verschiedene Sprachen sprechen. So gibt es Weihnachtsgrüße auf Zulu, Englisch, Afrikaans ...
Sammelt möglichst viele Weihnachtsgrüße in anderen Sprachen. Zum Beispiel auf Französisch, Italienisch, Polnisch, ...

7. Max und Pauline können Marc-Leon aus ihrer Klasse nicht leiden, weil er immer so schrecklich angibt. Könnt ihr euch einen Grund vorstellen, warum Marc-Leon das macht?

Weihnachten in Mexiko

Sonntag, 20. November

Hilfe! Habe eben die Schreckensmeldung der Woche erhalten. Tante Hannelore hat sich ganz spontan für heute Nachmittag angekündigt. Heute ist ja Totensonntag, und eigentlich wollten wir es uns ganz gemütlich machen und vielleicht die ersten Weihnachtsplätzchen backen. Ein Glück, dass ich nicht mehr krank im Bett liege, sonst wäre ich ihr hilflos ausgeliefert!

Tante Hannelore ist die Schwester von Papas Papa, also eigentlich meine Großtante. Die Begeisterung meiner lieben Familie hält sich über den Besuch von Hannelörchen aber schwer in Grenzen. Lulu ist immer noch sauer, weil sie bei ihrem letzten Besuch gefragt hat, warum Lulu den Dielenteppich anhat – dabei war das ihr neuer Rock, für den das Taschengeld für einen ganzen Monat draufging. *„Die Frau hat keine Ahnung von Mode!"* hat Lulu gemault und sich beleidigt in ihr Zimmer verzogen. Mama bekommt vor jedem Besuch ihren Putz- und Aufräumanfall, weil Tante Hannelore mal gemeint hat, ob Mama gerade viel Stress im Beruf hat und deshalb nicht zum Putzen kommt. Und Papa befürchtet, dass Tantchen mal wieder auf seinem Beamtenjob herumhackt.

Mich kann Tante Hannelore ganz gut leiden. Das bedeutet aber, dass ich mir ihre endlosen Geschichten von ihrer Nachbarin anhören muss, die das Treppenhaus nie gründlich putzt. Und dass ihre Freundin Hüfte hat und im Krankenhaus liegt. Gähn! Dabei hat sie früher ein ganz interessantes Leben geführt. Als mein Großonkel Herbert noch gelebt hat, ist sie nämlich ziemlich in der Welt herumgekommen. Der war irgendwas bei der Regierung, glaube ich. Im Hintergrund höre ich schon den Staubsauger, also sind die Vorbereitungen für den Tantenbesuch schon in vollem Gange. Das einzig Gute ist, dass Mama eine Schokotorte auftauen wird.

Sonntag, 20. November, abends

Uff! Eben hat Tante Hannelore das Haus verlassen. Mama hat vor Erleichterung ganz laut aufgeseufzt. Ich fand den Tantenbesuch heute gar nicht so schlimm. Im Gegenteil! Als ich Tante Hannelore auf ihre Auslandsreisen angesprochen habe, ist sie regelrecht aufgeblüht! Sie hat es sich nach dem Kaffeetrinken und Kuchenessen auf dem Sofa gemütlich gemacht und erzählt. *„Endlich macht ihr in der Schule mal was Vernünftiges"*, war ihr Kommentar zu unserem Weihnachtsprojekt.

„Tja, lass mich mal überlegen … Eine meiner spannendsten Reisen war die nach Mexiko. Herbert und ich haben tatsächlich einmal Weihnachten dort verbracht. Aber die Adventszeit war alles andere als ruhig und besinnlich. Die Mexikaner feiern gerne ausgelassen und fröhlich. Mehr als einmal hatte ich Mühe, deinen Großonkel von einer Posada nach Hause zu bekommen. Da hatte er dann zu reichlich vom heißen Ponche getrunken. Das ist ein Getränk aus Äpfeln, Quitten und Zuckerrohr. Die Erwachsenen trinken ihren Ponche allerdings mit viel Rum oder Tequila. Das ist so eine Art Zuckerrohrschnaps. Jaja, der Herbert fehlt mir schon sehr", hat Tante Hannelore geseufzt.

Und dann hat sie mir erklärt, was Posadas sind. Bei diesen 9-tägigen Feiern wird die Herbergssuche von Maria und Josef nachgespielt. Ab dem 16. Dezember treffen sich Kinder und Erwachsene bei Freunden, Kollegen oder Verwandten. Zwei Kinder verkleiden sich als Maria und Josef. 3-mal müssen sie an die Herberge klopfen. Erst beim dritten Mal werden sie ins Haus gelassen. Dann dürfen auch die anderen Gäste rein. Damit beginnt die Fiesta erst richtig. Es wird wild zu lauter Musik getanzt, viel gegessen und der berühmte Ponche getrunken. Wenn das Fest vorbei ist, bekommt jeder Gast noch ein kleines Körbchen mit bunten, kandierten Mandeln. Manchmal gibt es auch öffentliche Posadas. Die laufen wie ein Umzug ab, und hinterher gibt es eine Pastorela. Das ist so was wie eine Theateraufführung. Nur findet die nicht im Theater statt, sondern auf einem Platz. Und es geht immer um etwas Religiöses. Der Teufel ist hinter den Engeln her. Aber der Engelchef Gabriel spricht ein Machtwort, und dann ist der Teufel besiegt.

Die privaten Posadas sind natürlich noch lustiger. Die Familie, bei der Tante Hannelore und Onkel Herbert eingeladen war, hatte auch einen Weihnachtsbaum. Weil die in Mexiko nicht wachsen, muss man sie aus den USA einfliegen lassen. Das ist sehr teuer, und nur die wenigsten Leute können sich das leisten. Deswegen haben die meisten einen Plastikbaum. Der wird mit viel Glitterkram geschmückt. Silber und Gold und Blau und alles Mögliche. Krippenfiguren gibt es auch. Die heißen Nacimiento und sind manchmal aus Plastik. Es gibt aber auch richtig schöne aus Ton. Das Jesuskind wird erst am 24. Dezember in die Krippe gelegt. Das kenne ich schon von Simon aus meiner Klasse. Der ist katholisch, und bei ihm daheim machen sie es ganz genau so. Außer dem Mini-Jesus in der Krippe gibt es eine Babypuppe. Alle tun so, als ob es das echte Jesus-Baby wäre, und legen ihm Stoffwindeln um und singen für es und wiegen es im Arm. Wenn das Jesus-Baby „beruhigt" ist, legt man es unter den Baum, und es gibt Geschenke. Aber nur Nützliches. Schuhe und Socken und so. Oder Unterhosen. Die guten Geschenke, also Spielsachen, gibt es erst am 6. Januar. Zum Dreikönigsfest.

Ich habe zu Tante Hannelore gesagt, dass ich das doof finde, dass die mexikanischen Kinder so lange auf ihre Geschenke warten müssen. Natürlich hat sie sich schrecklich darüber aufgeregt. *„Die mexikanischen Kinder sind nicht so ungeduldig wie du, sondern dankbar, dass sie überhaupt etwas bekommen"*, hat sie geschimpft. Das glaube ich aber nicht so richtig. Dann hat sie sich wieder beruhigt und von dem Truthahn erzählt, den fast alle an Weihnachten essen.

Allerdings gibt es da ein Problem. Manche Familien haben nämlich keinen oder nur einen sehr kleinen Ofen zu Hause. Und so ein Truthahn ist ja groß. Deshalb wird er im Restaurant durchgebraten und kann am Abend fertig abgeholt werden. Ganz schön praktisch. Den Ofen muss man ja dann auch nicht putzen. Zum Truthahn gibt es Tamales und Romeritos. Das eine sind Maispasteten, und das andere ist ein Gericht mit Kartoffeln und Rosmarin.

Von einer Sache muss ich unbedingt noch berichten. Neben langweiligen Unterhosen gibt es doch noch was Tolles für die Kinder. Das sind die Piñatas.

Früher war das ein Tontopf, den man mit buntem Papier beklebt hat. Heute nimmt man dazu einen Luftballon, das ist ungefährlicher. Denn das mit der Piñata funktioniert so:

Ein Kind bekommt die Augen verbunden und einen Stock in die Hand. Damit es die Orientierung verliert, wird das Kind ganz schnell um sich selbst gedreht. Früher hat man das 33-mal gemacht, so alt wurde nämlich Jesus. Dann muss das Kind versuchen, die Piñata mit dem Stock kaputt zu schlagen. Das Gute daran: die Piñata ist bis zum Rand gefüllt mit Früchten und Süßigkeiten – mit mexikanischen natürlich. Also Rohrzuckerstücke, Nüsse, Mandarinen oder Zuckerstangen. Ist die Piñata zerschlagen, regnen die ganzen leckeren Sachen auf das Kind herunter. Klingt echt klasse!
Ein bisschen ist das wie Topfschlagen. Nur noch besser. Während das Kind versucht, die Piñata zu treffen, singen die anderen:

„Dale, dale, dale,
no pierdas el tino,
porque si lo pierdes,
pierdes el camino."

„Schlag, Schlag, Schlag,
verliere nicht dein Ziel,
denn, wenn du es verlierst,
verlierst du auch den Weg."

In der Weihnachtszeit sieht die Piñata aus wie ein Stern, nämlich wie der Stern von Bethlehem. Beim Geburtstag oder anderen Feiern hat sie auch manchmal die Form von Comic-Figuren oder Raketen. Ich bin sehr dafür, dass wir diesen Brauch bei uns zu Hause einführen. So eine Piñata zu basteln, ist nicht schwer. Luftballon mit Papier bekleben haben wir schon in der Schule gemacht. Ich war Tantchen echt dankbar für ihre Hilfe und hab' ihr sogar erlaubt, mir zum Abschied einen Kuss zu geben. Danach bin ich aber schnell ins Bad und hab' die Tanten-Spucke von der Backe gewischt. Pfui!

1. Tante Hannelore hat ihren Besuch angekündigt. Wie genau ist sie mit der Familie von Max verwandt?
(Schwester von Max' Opa, also die Großtante)

2. Tante Hannelore beschreibt eine Posada, also eine mexikanische Weihnachtsfeier. Wie läuft eine typische Posada ab?
(9-tägige Feier mit Musik, viel Essen und Trinken,
Herbergssuche von Maria und Josef wird nachgespielt)

3. Woher bekommen die Mexikaner oft ihren Weihnachtsbaum?
(aus den USA einfliegen lassen oder Plastikbaum verwenden)

4. Welches klassische Gericht wird auch in Mexiko oft an Weihnachten gegessen?
(ein Truthahn)

5. Wie kommen die Kinder an den Inhalt der Piñata?
(mit verbundenen Augen und einem Stock in der Hand,
wird die aufgehängte Piñata aufgeschlagen)

6. Warum kann sich auf den Besuch keiner richtig freuen? Bekommt ihr in der Adventszeit oder zu Weihnachten auch Besuch von Verwandten?

7. Als besondere Überraschung für die Kinder wird eine Piñata an der Decke aufgehängt. Sicher habt ihr schon mal einen Luftballon mit Zeitungspapier beklebt. Genau so wird eine Piñata hergestellt. Bastelt mit eurer Klasse eure eigene Piñata. Eine Bastelanleitung findet ihr im Anhang (S. 100). Ihr könnt sie mit Süßigkeiten, Nüssen und Obst füllen.

Weihnachten in Italien

Dienstag, 22. November

Der schöne Schnee ist schon wieder weggeschmolzen. Ich hatte noch gar keine Zeit, ein Iglu zu bauen. Echt blöd! Hoffentlich schneit es bald wieder. Papa hat sich gefreut, weil er jetzt nicht mehr morgens Schnee schippen muss.
Als ich heute vom Fußballtraining nach Hause gekommen bin, hat Mama erzählt, dass Carlo angerufen hat. Carlo war früher in Paulines und meiner Klasse. Bevor ich mich so richtig gut mit Pauline angefreundet habe, war Carlo eigentlich mein bester Freund. Wir haben uns beinahe jeden Nachmittag getroffen und Fußball gespielt. Der Carlo ist ein toller Stürmer!
Er war auch gerne bei uns. Dann haben wir gequatscht und Fußballsticker getauscht. Ich glaube, er war auch ein bisschen in Lulu verknallt. Ich hab' aber nie verstanden, was er an der Kuh findet.

Seine Familie ist dann in eine andere Stadt gezogen, weil sein Papa da eine bessere Arbeit bekommen hat. Jetzt telefonieren wir noch ab und zu, und besucht haben wir uns auch schon 2-mal. Aber es ist nicht mehr so wie früher, als wir uns noch jeden Tag gesehen haben. Mama sagt, das ist normal. Ich finde es aber schade und bin manchmal ganz schön traurig deswegen. Also habe ich ihn gleich angerufen.
Und jetzt kommt's: Mir ist eingefallen, dass Carlo italienische Eltern hat und ich ihn fragen könnte, wie man in Italien Weihnachten feiert. Carlo hat sich richtig ins Zeug gelegt und mir versprochen, dass er am Abend seine Nona anruft (das ist seine Oma, die wohnt in Italien, ganz unten am Stiefelabsatz).
„Nona weiß supergut Bescheid über so Bräuche und besonderes Essen und so. Ich ruf' dich dann gleich wieder an und sag' dir, was sie erzählt hat. Außerdem freut sie sich immer total, wenn ich sie anrufe", hat Carlo gemeint. Mensch, ist das cool! Was bin ich doch für ein schlaues Kerlchen, dass ich gleich an unser Weihnachtsprojekt gedacht habe. Jetzt muss ich nur noch warten, bis Carlo mich zurückruft.

Dienstag, 22. November, spät abends

Eben hat Carlo noch mal angerufen. Um halb zehn! Ich war schon im Bett. Papa hat sich aufgeregt, dass er so spät anruft, wo doch am nächsten Tag Schule ist. Aber schließlich ist das wichtig!
Carlo hat von seiner Nona richtig viel herausgekriegt. Bis er mir das am Telefon alles erzählt hat, hat es leider gedauert. Notizen musste ich mir ja auch noch machen. Papa ist noch 3-mal im Flur vorbeigekommen und hat gesagt, dass es jetzt aber mal reicht mit dem Telefonieren und dass morgen schließlich auch noch ein Tag ist. Und was eigentlich Carlos Eltern dazu sagen, dass ihr Sohn so spät Telefonate führt. Mich hat das nicht weiter gestört, weil es so spannend war, was Carlo mir gesagt hat.

Zum Beispiel habe ich gar nicht gewusst, dass in Italien nicht das Christkind oder der Weihnachtsmann die Geschenke bringt. Hier besucht die alte Hexe Befana die Kinder. Hässlich soll sie auch sein. Aber es kommt ja auf die inneren Werte an. Sagt man doch so, oder? Die Befana kommt in der Nacht vom 5. auf den 6. Januar, dem Dreikönigsfest. Eigentlich sollte sie dem Stern von Bethlehem zur Krippe folgen und zusammen mit Caspar, Melchior und Balthasar dem Jesuskind tolle Geschenke bringen. Zuerst wollte sie aber noch die Wohnung putzen – da sind die Könige halt schon mal ohne sie los. Als die Befana mit der Putzerei endlich fertig war, waren die Könige natürlich längst über alle Berge, und der Stern von Bethlehem war erloschen. Da konnte sie den Weg nicht mehr finden. Seither fliegt die Befana mit ihrem Besen von Haus zu Haus und sucht überall nach dem Jesuskind. Weil sie es bis jetzt noch nicht gefunden hat, steckt sie eben den normalen Kindern Süßigkeiten und Geschenke in die Strümpfe. Aber Achtung! Bösen Kindern wird nur Kohle in den Strumpf gefüllt. Igitt! Zum Glück ist das aber keine echte Kohle, sondern „carbone dolce". Das heißt übersetzt „süße Kohle" und ist ein Zuckerbrocken, den man schwarz gefärbt hat und der wie Kohle aussieht. Manchmal gibt es aber auch Schokolade oder Lakritz. Das ist ja auch schwarz.

Ich male hier mal die Befana hin, wie sie Lulu Kohle in die Strümpfe füllt – hihi:

Bevor die Befana auf ihrem Besen herumfliegt, gibt es schon 3-mal Geschenke! Das erste Mal am 6. Dezember. Den Nikolaus kennen die Kinder hier auch. Er heißt fast gleich, nämlich „San Nicola". Er legt die Geschenke vor die Kinderzimmertür. Die Kinder sehen ihn nicht, weil er nämlich nicht wie bei uns die Familien zu Hause besucht. Also müssen die auch nicht alberne Gedichte aufsagen. Die haben es gut!
Am 13. Dezember geht es gleich weiter mit Geschenken. Die bringt dieses Mal die Lichterkönigin. Die heißt „Santa Lucia" und hat wirklich gelebt. Geboren ist sie auf Sizilien, das ist eine große italienische Insel. Sie war sehr gut und hat ständig die Armen beschenkt. Noch heute wird am 13. Dezember ein Essen für alle armen Leute gekocht. Es heißt „Torrone dei poveri", und Carlos Nona wusste sogar, wie man das zubereitet. Kichererbsen werden mit Zucker so lange gekocht, bis die Masse ganz fest wird. Ob sich die armen Leute darüber freuen? Wahrscheinlich hätten die auch lieber eine ordentliche Pizza gehabt!

Am ersten Weihnachtsfeiertag kommt ganz früh am Morgen das Jesuskind und bringt schon wieder Geschenke. Dieses Mal nicht nur so Kleinigkeiten, sondern richtig große Sachen. Dann hat mir Carlo von dem tollen Essen vorgeschwärmt, das es an diesem Tag gibt: Lammbraten und Aal. Für mich klingt das nicht sehr italienisch. Da finde ich Nudeln mit Tomatensoße besser. Während die Mamas kochen, gehen die Papas mit den Kindern in die Kirche. Dann sind die aus dem Weg. Mama kann es auch nicht leiden, wenn wir ihr am Heiligen Abend aufgeregt zwischen den Füßen herumspringen. Das macht sie immer ganz kribbelig.
Nach dem Essen müssen die Kinder doch noch Gedichte aufsagen. Vor den Erwachsenen. Immerhin machen sie das aber nicht umsonst, sie bekommen Geld dafür.

Fast jede Familie hat auch eine Krippe daheim. Auf die sind die Italiener besonders stolz. Weil ein italienischer Mönch, der Franz von Assisi hieß und toll mit Tieren umgehen konnte, als Allererster die Weihnachtsgeschichte mit Krippenfiguren dargestellt hat. Der hat die sozusagen erfunden. Wer einen Olivenbaum im Garten hat, fällt ihn und verbrennt das Holz zu Weihnachten im Kamin. In der Stadt geht das ja eher nicht. Was aber alle machen können, ist das Weihnachtsbriefschreiben. Und das geht so:

Die Kinder schreiben an ihre Eltern einen schönen Brief. Da steht dann zum Beispiel drin, dass die Eltern ganz toll sind und die Kinder sie lieb haben. Manchmal schreiben die Kinder aber auch, was sie im letzten Jahr nicht so gut fanden. Wichtig ist aber, dass es trotzdem nett klingt. Der Brief wird unter der Serviette versteckt und nach dem Essen von den Eltern vorgelesen. (Lulu würde wahrscheinlich schreiben, dass sie nicht genug Taschengeld für ihre Kriegsbemalung bekommt.)
Ich habe mit Carlo noch schnell ausgemacht, dass wir uns in den Weihnachtsferien treffen, und dann musste ich leider auflegen. Weil Papa um halb elf schon zum vierten Mal neben mir stand und gar nicht freundlich aussah.

1. Woher kennen sich Max und Carlo?
(vom Fußballspielen)

2. Bis er in eine andere Stadt gezogen ist, war Carlo der beste Freund von Max. Warum musste er umziehen?
(Sein Papa hat in einer anderen Stadt eine bessere Arbeit gefunden.)

3. Wie oft bekommen die Kinder in Italien Geschenke? An welchen Tagen ist das?
(4-mal: am 6.12., 13.12., 25.12., 6.1.)

4. Was füllt die Befana bösen Kindern in die Strümpfe?
(Kohle – aber das sind gefärbte Zuckerbrocken – „carbone dolce")

5. Mit wem wollte die Befana das Jesuskind besuchen, wenn sie nicht so lange geputzt hätte?
(mit den Heiligen Drei Königen)

6. Seid ihr auch schon einmal umgezogen? Ist eine Freund oder eine Freundin von euch weggezogen. Wie war das für euch?

7. In Italien gibt es den Brauch, seinen Eltern einen Brief zu schreiben. Darin steht, was einem an Mama und Papa besonders gut gefällt und dass man sie lieb hat. Was würdet ihr euren Eltern schreiben? Probiert es doch einmal aus!

8. In der Weihnachtszeit wird viel an arme Menschen gedacht. So auch in Italien, wo man am 13. Dezember ein großes Essen für arme Leute kocht. Auch gibt es viele Aufforderungen zum Spenden. Könnt ihr euch vorstellen, warum das gerade an Weihnachten so ist? Sollte man nicht rund ums Jahr helfen? Habt ihr eine Idee, was man machen könnte?

Weihnachten in den USA

Donnerstag, 24. November

Mann, gestern war ich so müde, dass ich in der Schule fast eingeschlafen wäre. Frau Rössle hat schon immer so komisch zu mir rübergeguckt. Am liebsten hätte ich zu ihr gesagt, dass ich nur wegen ihr und ihrem Weihnachtsprojekt so müde aus der Wäsche schaue. Denn ich bin ja nur wegen Carlos Anruf zu spät ins Bett gekommen. Zum Glück gibt es Pauline. Sie hat mich immer unterm Tisch getreten, wenn die Rössle an unserem Tisch vorbeigelaufen ist. Da bin ich aus meinem Sekundenschlaf aufgeschreckt und hab' für die nächsten fünf Minuten konzentriert an die Tafel geschaut.
Pauline war sehr zufrieden mit mir und Carlos italienischen Geschichten. *„Ich war aber auch nicht ganz untätig"*, hat sie mir in der Mathestunde zugeflüstert. Leider konnte sie mir nicht sagen, was sie damit meint, weil Frau Rössle in diesem Moment schon wieder an unserem Tisch vorbeikam. Die Frau hat wirklich Hummeln im Hintern. Kann die nicht mal ganz ruhig vorne an ihrem Pult sitzen bleiben?

Wir mussten also bis zur großen Pause warten. Und was dann kam, war echt klasse. Paulines Papa war im letzten Winter in den USA auf Vortragsreise. Er ist doch Physiker, und er hat was erfunden, was die in Amerika ganz toll finden und mehr darüber wissen möchten. Angefangen hat er seine Reise in New York, und da haben sie gerade den berühmtesten Weihnachtsbaum von ganz Amerika aufgestellt. Vor dem Rockefeller Center. Der Baum ist 25 Meter hoch. Dass es so große Bäume überhaupt gibt … Klar braucht man für so einen Baum auch ganz viele Lichter. 30 000 Stück waren es im letzten Jahr!

Hier habe ich mal den Weihnachtsbaum vor dem Rockefeller Center hingemalt:

Paulines Papa sagt, das ist Stromverschwendung. Das ist klasse, sagen Pauline und ich! Überhaupt glitzert und leuchtet zur Weihnachtszeit alles in New York und in ganz Amerika. Die Kollegen von Paulines Papa haben erzählt, dass manche Leute das ganze Jahr über damit beschäftigt sind, den schönsten Weihnachtsschmuck zu basteln und Lichterketten an ihren Häusern zu befestigen. Wer gerade nicht bastelt oder an seinen Lichterketten schraubt, geht im Central Park oder direkt vor dem Rockefeller Center Schlittschuhlaufen. Pauline fand das natürlich wieder sooo romantisch! *„Stell dir vor"*, hat sie gesagt, *„wenn wir erst verheiratet sind und unsere Hochzeitsreise nach New York machen! Dann nehmen wir unsere Schlittschuhe mit und gleiten Arm in Arm übers Eis."* Pauline hatte so ein Glitzern in den Augen, und ich habe sie misstrauisch angeschaut. Manchmal weiß man bei ihr nicht, ob sie es ernst meint oder einen auf den Arm nehmen will. Ich hoffe mal Letzteres. Immerhin bin ich erst neun! Und ob ich Pauline mal heiraten will, weiß ich überhaupt noch nicht! Pauline hat sich durch mein Schweigen nicht im Mindesten irritiert gefühlt und gleich weitergeplappert.

„Und dann müssen wir natürlich unbedingt zu Macy's, das ist das allergrößte Kaufhaus auf der ganzen Welt! Vor Weihnachten wird ein ganzes Stockwerk zu ‚Santas World' umgebaut." Naja, das fand ich schon besser. Macht sicher Spaß, sich das alles anzuschauen.
Als Nächstes hat mir Pauline erklärt, warum die Amerikaner für „Frohe Weihnachten" immer „Merry X-Mas" schreiben, und nicht „Merry Christmas". *„Es ist nämlich so, dass das X für Christus steht. Auf Griechisch heißt Christus nämlich XpioTóc"*. Spricht es, schnappt sich einen Kuli aus der Tasche und kritzelt mir das Wort auf den Handrücken. Na toll!

Bevor ich mich so richtig aufregen konnte, hat Pauline schon weitererzählt. Dass Santa Claus, also der Weihnachtsmann, in der Nacht vom 24. auf den 25.12. vom Nordpol aus mit seinem Schlitten losfliegt.
Da wohnt er mit seinen Rentieren, die den Schlitten ziehen müssen.
Das ganze Jahr über hat er fleißig gebastelt und gesägt und gemalt und geklebt, um die Weihnachtsgeschenke fertigzubekommen. Durch den Kamin kommt Santa ins Haus und steckt Geschenke in die Strümpfe, die

dort hängen. Die sind manchmal sogar selbstgestrickt! Pauline wusste sogar, wie die Rentiere heißen. Die haben ganz ulkige Namen: Dasher, Dancer, Prancer, Vixen, Donder, Blitzen, Cupid, Comet und Rudolph. Den Rudolph kannte ich von diesem Lied. Wie geht das noch? Irgendwas mit dem Rentier mit der roten Nase oder so.

Wenn es sehr kalt ist, stärkt sich Santa Claus in den Häusern mit warmer Milch – wenn ihm die jemand hingestellt hat, natürlich. Die Rentiere bekommen Zuckerstückchen. Dabei ist das sicher nicht gut für die. Besonders für die Zähne. Mama schimpft immer mit uns, wenn wir zu viel Süßigkeiten essen. Besonders mit Papa! Am nächsten Morgen werden die Geschenke von Santa Claus ausgepackt, und zum Essen gibt es einen großen Truthahn. Wie in Frankreich. Und in Mexiko. Mann, bin ich froh, dass es bei uns am Heiligen Abend Würstchen mit Kartoffelsalat gibt. Ich steh' nicht auf so riesige Vögel.

Einen Truthahn hat Herr Semmeling (also Paulines Papa) nicht mehr gegessen. Am Heiligen Abend war er längst wieder in Deutschland. Aber Chanukka hat er gefeiert. Ich hab' nicht gewusst, was das sein soll. Bis Pauline es mir erklärt hat. Einer von Papas amerikanischen Kollegen ist Jude. Und weil er Herrn Semmeling so nett fand, hat er ihn zu sich nach Hause eingeladen. Es war gerade der dritte Tag von Chanukka. Das ist übrigens hebräisch und heißt Lichterfest. Wegen der vielen Kerzen, die angezündet werden. An jedem Tag eine, acht Tage lang. Chanukka ist in Amerika ganz wichtig, weil dort viele Juden leben. Und weil es fast zur gleichen Zeit wie Weihnachten stattfindet, feiern manche Leute einfach beides. Also Weihnachten im Büro und Chanukka zu Hause zum Beispiel. Die Kinder bekommen Geschenke und Süßigkeiten. Herr Semmeling war ganz begeistert. Vor allem von den Latkes, den Kartoffelpuffern. Einen ganzen Berg hat er in sich reingestopft, hat Pauline behauptet. Nach dem Essen haben alle gesungen. Es gibt extra Chanukka-Lieder. Und gespielt wird auch. Alle waren sehr lustig und ausgelassen. Klingt gut, finde ich. Ich würde auch mal gerne zu einem Chanukka-Abend eingeladen werden.

Am nächsten Morgen ist Herr Semmeling weiter in den Süden gefahren. Da liegen so Staaten wie Louisiana oder Texas. Zuerst hab' ich es Pauline nicht geglaubt, aber sie hat gemeint, dass die Leute da an Weihnachten ein großes Feuerwerk machen, um böse Geister zu vertreiben. Die glauben noch an Geister! Ansonsten wird in den Südstaaten Weihnachten genauso wie im Norden der USA gefeiert. Manche Familien besuchen am Heiligen Abend den Gottesdienst, der auch mal drei oder vier Stunden dauern kann. Manche gehen aber auch erst am nächsten Tag in die Kirche. Santa Claus kommt in der Nacht und trinkt seine Milch. Wenn er Glück hat, kriegt er auch Kekse. Er krümelt ein bisschen rum, damit die Kinder am Morgen auch sehen, dass er da war.

„Und wer macht die Sauerei am nächsten Tag wieder weg?". Das hat Mama ganz empört gefragt, als ich ihr nach der Schule von den amerikanischen Weihnachten erzählt habe. *„Bestimmt nicht der Vater. Der sitzt ja dann mit den Kindern vor der Glotze."* So ganz Unrecht hat Mama da, glaube ich, nicht. Am 25. Dezember werden nämlich die American-Football-Spiele im Fernsehen gezeigt. Die Spieler haben einen viel zu großen Helm auf, überall Polster am Körper, um breiter auszusehen, schubsen sich ständig und werfen sich ein Leder-Ei zu. Ganz schön affig! Wenn sich die Familie nach dem Truthahnessen nicht mehr rühren kann, weil fast die Bäuche platzen, schauen sich viele die Spiele an. *„Und die Mutter muss mal wieder alleine die Küche sauber machen"* hat Mama noch gebrummelt. Ich habe ihr versichert, dass ich ihr dabei helfen würde. Und bei uns macht sowieso Papa das Weihnachtsessen. Königinpastete, mhm.
So wie Papa bekommt die Füllung nicht mal Mama hin. Das hab' ich ihr aber nicht gesagt. Sonst wäre sie bestimmt wieder beleidigt. Und vor Weihnachten ist es besser, Mama nicht zu ärgern. Sonst sagt sie es möglicherweise noch dem Christkind. Und das möchte ich auf gar keinen Fall riskieren!

1. Warum schläft Max im Unterricht beinahe ein?
(Er ist müde, weil er so lange mit Carlo telefoniert hat.)

2. Welche Tiere ziehen den Schlitten vom Weihnachtsmann?
(Rentiere)

3. Die Amerikaner schreiben oft „Merry X-Mas" statt „Merry-Christmas" auf Weihnachtskarten. Wofür steht dabei das X?
(für Christus)

4. Was gibt es an Heiligabend bei Max und seiner Familie zu essen?
(Würstchen und Kartoffelsalat)

5. Paulines Papa ist Physiker. Wisst ihr, was ein Physiker tut?

6. Das Rockefeller Center ist eine berühmte Sehenswürdigkeit von New York. In der Weihnachtszeit wird hier der größte Weihnachtsbaum von ganz Amerika aufgestellt. Kennt ihr noch mehr berühmte Gebäude oder Sehenswürdigkeiten in New York?

7. Am 25. Dezember werden in den USA die American-Football-Spiele im Fernsehen gezeigt. Habt ihr schon einmal ein solches Spiel gesehen? Was ist anders als bei unserem Fußball? Könnt ihr etwas davon erzählen (z.B. über die Ausrüstung der Spieler, die Spielregeln ...)?

8. Paulines Papa fühlt sich sehr geehrt, dass ausgerechnet er als Deutscher von einem Kollegen zu dem jüdischen Lichterfest Chanukka eingeladen wird. Warum ist das so etwas Besonderes?

Weihnachten in Schweden

Freitag, 25. November

Mensch, ist das stark! Wir fahren im Sommer nach Schweden! Zu Michel von Lönneberga und Pippi Langstrumpf! Den ganzen Tag schwimmen, faulenzen, im Wald Pilze sammeln und selbstgefangene Fische überm Lagerfeuer braten! Und das kam so: Gestern Abend haben Mama, Papa, Lulu und ich besprochen, wohin wir in den nächsten Sommerferien fahren sollen. Zuerst haben alle durcheinandergeschrien. Lulu hat gebrüllt, dass Henny nach Florida fliegt und dass sie auch dahin will, weil das so mega-cool ist. Papa hat gesagt, dass das viel zu teuer ist, und überhaupt möchte er mal einfach richtig ausspannen und gar nichts tun. Ihm wäre es am liebsten, wenn wir daheim bleiben würden. Das wäre auch am billigsten, und wir würden immer so viel kosten. Da hat aber Mama protestiert und gerufen, dass sie schließlich das ganze Jahr über daheim ist (dabei stimmt das gar nicht, wir waren ja erst vor Kurzem in Österreich), da will sie wenigstens einmal ganz weit weg. Vor allem von ihrer Waschmaschine. Und sie könnte sich einen Aufenthalt in einem schönen Wellnesshotel vorstellen. Auch ohne uns!

Ich wollte gerade vorschlagen, dass wir doch nach Süditalien fahren könnten und Carlos Nona besuchen. Da hatte ich die Super-Idee! Mama und Papa betonen ja immer, dass wir Entscheidungen demokratisch abstimmen. Also habe ich schnell aus meinem Zimmer ein Blatt geholt und es in vier gleiche Teile geschnitten. *„So, jetzt schreibt jeder seine drei Lieblingsurlaubsziele auf. Für jedes gleiche Urlaubsziel gibt es einen Strich, und welches die meisten Striche hat, da fahren wir hin"*, hab' ich bestimmt. Komischerweise fanden alle den Vorschlag gut, sogar Lulu hat so ein bisschen herablassend gesagt, dass ich manchmal richtig brauchbare Ideen habe. Dass sie mich „Kleiner" genannt hat, fand ich dann nicht so gut. Beim Auszählen gab es eine Riesenüberraschung. Neben Florida, Italien, zu Hause bleiben und Wellnesshotel stand nämlich bei jedem noch „Schweden" auf dem Zettel. Vielleicht weil wir mal im Fernsehen einen Bericht über Schweden gesehen haben. Sonst sind solche Sendungen ja voll öde, aber das war richtig spannend. Also wird es Schweden! Und alle haben was davon. Lulu kann sich jeden Tag von einem Elch in einem anderen Bikini bewundern lassen, Mama und Papa können sich ausruhen, und ich werde das tun, was ich oben geschrieben habe: schwimmen, faulenzen und Abenteuer erleben! Morgen wollen wir gleich ins Reisebüro, weil die guten Ferienhäuser sonst schon alle weg sind.

Samstag, 26. November, nachmittags

Wir sind also gleich nach dem Frühstück los ins Reisebüro. Die Frau da war sehr nett (und auch sehr hübsch, falls dich das interessiert), und sie meinte, dass es gut ist, dass wir so früh eine Reise nach Schweden buchen wollen, weil man jetzt noch eine gute Auswahl hat. Und sie war auch schon ganz oft in Skandinavien (da liegt nämlich Schweden, genauso wie Dänemark und Norwegen), und vor allem in Schweden. Und sie hat sogar einen Freund da, und sie wird Weihnachten bei seiner Familie verbringen. Da haben bei mir sämtliche Weihnachtsprojektglocken geläutet, und ich hab' sie einfach unterbrochen (obwohl man das ja eigentlich nicht macht) und gerufen, dass sie mir dann bestimmt erzählen kann, was es in Schweden für Weihnachtsbräuche gibt und wie die so feiern. Mama hat schon wieder so komisch geguckt, und Lulu hat gezischt, dass man mit mir echt nirgendwo hinkann, weil ich total peinlich bin. Die hübsche Reisefrau hat aber nur gelacht und gesagt, klar kann sie mir da einiges erzählen. Ob wir denn so viel Zeit haben. Da hab' ich natürlich gerufen, dass wir die klar haben. Papa hat so ein bisschen geseufzt und genickt. Und dann hat die Reisefrau erzählt. Und erzählt und erzählt. Wir haben alle wie gebannt auf den Reisebürostühlen gesessen. Die anderen Leute im Reisebüro haben aufgehört, sich zu unterhalten und mitgehört. Als die Reisefrau fertig war, haben alle sogar geklatscht, weil ihnen die Erzählung so gut gefallen hat. Und ein Ehepaar neben uns wollte jetzt auch unbedingt über Weihnachten nach Stockholm, obwohl die vorher eigentlich nach Mallorca wollten. Und sie wollten wissen, ob man auch bei einer Familie wohnen und mit denen feiern kann. Ich habe aber nicht mehr mitbekommen, ob das geht, denn Mama hat uns nach einem Blick auf die Uhr schnell nach Hause gescheucht. Ich schreibe mal auf, was die Reisefrau so erzählt hat.

Weihnachten in Schweden ist das wichtigste Fest im Jahr. Naja, das ist es bei uns ja auch. Das ist also nichts wirklich Neues. Aber die Schweden haben eine Hilfe bei ihren Vorbereitungen. Die Hilfe heißt Tomte und ist ein guter Hauswichtel. Ich glaube, man kann das mit den Heinzelmännchen vergleichen. Mama hat gesagt, so eine Hilfe kann sie auch gut gebrauchen, aber mit uns ist ja eher selten zu rechnen. Für ihre Hilfe bekommen die Tomtes am Heiligen Abend leckeren Milchbrei, der vor die Tür gestellt wird. Falls er nicht will, dass die Nachbarkatze den Brei frisst, muss sich der Tomte aber beeilen. Wehe, man vergisst den Brei! Das bringt Unglück im Neuen Jahr. In der Adventszeit wird viel gebacken. Julkuchen und Lussekatter. Das sind Rosinenbrötchen mit Safran drin. Klingt wie Katze. Und heißt auch so. „Lucias Katzen" nämlich. Und Julkuchen sind Plätzchen. Ich werde Frau Rössle vorschlagen, dass wir in der Schule auch welche backen.

Am 13. Dezember feiert man das Lucia-Fest. Ich kenn' das ja schon aus Carlos Erzählungen über Weihnachten in Italien. Die Reisefrau wusste nicht genau, wie die Lucia von Sizilien nach Schweden kam. Ist ja schon ein ziemlich langer Weg, und damals hatten die ja keine Flugzeuge. Aber sie soll Schweden vor einer Hungerkatastrophe bewahrt haben. Außerdem soll sie in der dunklen Jahreszeit Licht in die Häuser bringen. Und in Schweden ist es ja besonders lange dunkel.
Gibt es in einer Familie ein Mädchen, wird sie als „Lucia" ausgewählt. Bei uns wäre das also Lulu. Hihi, Lulu im weißen Kleid und mit brennenden Kerzen auf dem Kopf! Die Reisefrau hat gesagt, dass der Lichterkranz auf dem Kopf heute oft aus elektrischen Kerzen besteht, weil das nicht so gefährlich ist und einem das Wachs nicht in die Haare tropft. Um den Bauch tragen die Lucias ein rotes Seidenband. Sie gehen von Haus zu Haus und bringen den Leuten das Frühstück – auch Lussekatter. Die Jungs müssen sich als „Sternenjungen" verkleiden und begleiten die Lucia. Zum Schluss wird gesungen. Nicht „O Tannenbaum", sondern ganz spezielle Lucia-Lieder.

Ich male hier mal Lulu als Lucia hin:

Die schwedischen Kinder bekommen wie wir am Heiligen Abend die Geschenke. Die bringt der Jultomte. Das ist so was wie der Chef von allen Wichteln, und er lebt in der Scheune. Falls die Familie so was hat. Er passt auf die Familie auf – nicht nur an Weihnachten, sondern im ganzen Jahr. Der Weihnachtsbaum wird mitten im Zimmer aufgestellt, um den wird nämlich herumgetanzt. Das kenn' ich schon aus den Astrid-Lindgren-Filmen. Die Bullerbü-Kinder machen das auch. Das Weihnachtsessen kannte ich auch schon vom „Michel aus Lönneberga". Bei denen gibt es immer Weihnachtsschinken und Heringssalat. Schweinesülze, ganz viele Kartoffeln und

Julkorv (das ist eine Bratwurst). Und Fleischklößchen. Und noch viel mehr. So viel zu essen! Gerade hat mein Bauch ganz laut geknurrt! Ich hol' mir mal eben aus der Küche ein Käsebrötchen zur Stärkung.

Zum Trinken gibt es natürlich auch was. Weihnachtsbier und Glögg für die Erwachsenen, Limo für die Kinder. Ach ja, Glögg ist so was wie Glühwein. Der Tisch mit den ganzen guten Sachen heißt „Smörgåsbord". Na hoffentlich kracht der nicht zusammen bei dem ganzen Essen.
Jetzt kommt noch was total Lustiges. Am Nachmittag vom Heiligen Abend sitzen alle Kinder und Erwachsenen vor dem Fernseher. Die Straßen sind total leer gefegt! Genau um 15 Uhr wird eine Zeichentrickserie gezeigt. Mit Donald Duck und allen anderen Comicfiguren aus Entenhausen. Erst wenn die Donald-Stunde vorbei ist, geht es richtig los mit Weihnachten. Wer eine Sauna hat (und die Reisefrau hat gesagt, dass fast alle Schweden eine haben), geht da rein. Also die ganze Familie. Von der Sauna kriegt man Hunger, deshalb kommt jetzt das tolle Essen. Dann wird um den Baum getanzt und gesungen. Fenster und Türen bleiben offen, falls Freunde und Verwandte kleine Geschenke reinwerfen möchten. Das heißt Julklapp, und wir machen das in der Klasse auch immer. Aber nicht mit Werfen. Jeder zieht einen Zettel mit einem Namen darauf und muss demjenigen was Kleines schenken.

Wenn alle satt sind, kommt der Jultomte. Obwohl die dann bestimmt spät ins Bett gehen, müssen sie am nächsten Morgen früh raus. Um sechs Uhr geht es in die Kirche, zur Christmette. Da ist es noch ganz dunkel, wie in der Nacht. Und keine Lichterkönigin weit und breit!
In Schweden wird bis zum 13. Januar gefeiert. An dem Tag hat der Heilige Knut seinen Namenstag. Jetzt wird mal endlich der Weihnachtsbaum abgeschmückt und einfach aus dem Fenster geworfen. Wie in der Fernsehwerbung von diesem großen schwedischen Möbelhaus! Ich hab' immer gedacht, das ist eine Erfindung von denen! Schwedische Weihnachten machen richtig Spaß, glaube ich. Alle sind so lustig! Wir sind ja leider erst im Sommer da, aber Spaß werden wir auch haben. Dafür werde ich schon sorgen!

1. Wie hat sich Max' Familie auf ein Urlaubsziel geeinigt?
(durch eine demokratische Abstimmung: jeder durfte drei Ziele aufschreiben, das mit den meisten Treffern wurde genommen)
2. In Schweden gibt es Hauswichtel. Wie heißen sie, und was sind ihre Aufgaben?
(Sie heißten Tomte, helfen im Haus und passen auf die Bewohner auf.)
3. Was passiert in Schweden mit den Weihnachtsbäumen, wenn das Fest vorbei ist?
(Sie werden aus dem Fenster geworfen.)
4. Schweden ist die Heimat der Schriftstellerin Astrid Lindgren. Sicher kennt ihr einige Bücher von ihr. Welche?
5. Bei einem echten schwedischen Smörgåsbord gibt es unzählige leckere Gerichte. Habt ihr in der Familie auch ein spezielles Weihnachtsessen? Gibt es jedes Jahr etwas anderes?
6. Möchtet ihr einmal echt schwedische Lussekatter backen, wie man sie am Lucia-Tag isst? Das Rezept dazu findet ihr im Anhang (S. 101).

Weihnachten in Griechenland

Donnerstag, 1. Dezember

Heute ist der erste Türchentag. Wir haben einen ganz tollen Kalender aus Stoff, an dem 24 Säckchen hängen. Lulu und ich müssen uns einen Adventskalender teilen. Das ist Mama sonst zu teuer. Ich habe ja gehofft, dass Lulu das allmählich zu kindisch wird. Immerhin ist sie ja schon 15. Und dann hätte ich den Adventskalender für mich ganz alleine und dürfte nicht nur jeden zweiten Tag ein Säckchen öffnen. Aber nein! Sie besteht weiterhin auf ihren Adventskalender. Ich durfte aber heute mit dem ersten Säckchen anfangen.
Ich hatte eine Fahrradklingel drin. Schwarz und megacool! Mach' ich gleich nachher ans Fahrrad. Jetzt muss ich aber los zur Schule. Bin schon spät dran. Außerdem will ich Pauline meine neue Fahrradklingel zeigen. Bestimmt ist sie neidisch!

Donnerstag, 1. Dezember, nachmittags

So ein Mist! Das kann echt nur mir passieren! Ich hatte ganz schön Ärger in der Schule, und das kam so: Sebastian aus meiner Klasse hatte seinen Fußball dabei. Eigentlich darf man den nicht in die Schule mitbringen, aber Sebastian hatte ihn ganz neu, und wir wollten ihn auch unbedingt gleich ausprobieren und damit nicht bis zum Nachmittag warten. In der großen Pause sind wir also auf die Wiese beim Hausmeisterhaus. Die Wiese kann man vom Schulhof aus nicht so gut sehen, deshalb entdecken einen die Lehrer auch nicht gleich. Wir haben das schon öfters gemacht. Da heimlich Fußball gespielt, meine ich. Sebastian hatte mich als Stürmer aufgestellt (er durfte bestimmen, es war ja auch sein Ball), und ich war richtig gut! Ich also los, hab' Murat den Ball abgeluchst, bin an Titus vorbei, hab' Marc-Leon ausgetrickst und Schuss! Direkt ins Fenster von der Hausmeisterwohnung! Mann, das hat ganz schön geklirrt. Der Hausmeister kam gleich zur Tür raus, und begeistert sah er nicht aus. Wir standen ganz belämmert da, und als Herr Galanis (das ist der Hausmeister) gefragt hat, wer das war mit der Scheibe, da bin ich einen Schritt nach vorne gegangen. Herr Galanis hat gesagt, ich soll mitkommen. Und da bin ich mitgegangen.

Die anderen haben gesagt, dass sie mich schon mal entschuldigen, die Pause war nämlich zu Ende. So kam ich zum ersten Mal in die Hausmeisterwohnung. Sah eigentlich ganz nett aus. Überall standen kleine Schiffsmodelle rum, und im Wohnzimmer war so eine weiße Figur. Eine Frau mit fast nix an! Herr Galanis hat meinen verwunderten Blick bemerkt und gesagt, dass das Aphrodite ist. *„Afro-wer?"*, hab' ich gefragt. Herr Galanis hat mir erklärt, dass Aphrodite die griechische Göttin der Liebe ist. Aha. Aber dann ging mir ein Licht auf. Herr Galanis ist Grieche! Und griechische Weihnachten sind bestimmt ganz toll! Aber bevor ich Herrn Galanis danach fragen konnte, hat er mir erst mal eine Standpauke gehalten.
Ich hab' ganz zerknirscht gesagt, dass es mir schrecklich leidtut mit der zerbrochenen Fensterscheibe und dass es nie mehr vorkommt. Und dass meine Eltern natürlich eine Haftpflichtversicherung haben (das wusste ich, weil ich schon mal was kaputt gemacht habe, da hat die Versicherung auch gezahlt). So richtig böse war Herr Galanis aber nicht – auch wenn er versucht hat, ganz böse zu gucken. Er hatte aber dabei so ein freundliches Funkeln in den Augen.

Und dann hat er mir erzählt, dass er auf Kreta aufgewachsen ist. Das ist eine griechische Insel. Und dass er und seine Kumpels auch immer viel Blödsinn gemacht haben. Und ich durfte mich hinsetzen (neben Aphrodite), und Herr Galanis hat mir sogar eine Cola eingeschenkt. Er hat sich zu mir gesetzt, und das war der richtige Augenblick für meine Frage, wie man in Griechenland Weihnachten feiert.
Da ist er richtig ins Schwärmen gekommen, und ich hab' gemerkt, dass Herr Galanis vielleicht ein bisschen Heimweh hat. *„Das Lustigste an Weihnachten bei uns"*, hat er angefangen, *„sind die Kalikanzari. Das sind kleine Kobolde, die ganz viel Quatsch machen"*. Dabei hat er mich so angeschaut, als ob ich auch so ein Kobold wäre! Ab dem 24. Dezember werden zwölf Nächte lang große Feuer angezündet. Das soll die Kobolde abschrecken. Sonst kommen sie durch den Kamin, löschen das Feuer, machen die Milch sauer, zermatschen das Essen und binden den Pferden die Schwänze aneinander.

Ich male hier mal die Kalikanzari hin, wie sie bei uns Quatsch machen:

Alles, was in der Weihnachtszeit schiefgeht, wird den Kalikanzari in die Schuhe geschoben. Ganz schön nützlich, finde ich. Alles was Lulu und ich zu Hause anstellen, sind in Wirklichkeit die Kobolde! Vielleicht auch das mit der Fensterscheibe?

Am 24. Dezember gibt es mal wieder keine Geschenke. Das kenne ich ja nun schon von ganz vielen anderen Ländern. Die Familien gehen in die Kirche, sonst ist nichts Besonderes los. Doch halt! Stimmt gar nicht! Jetzt kommt erst das Kalanda-Singen. Das geht so: Die Kinder ziehen ganz laut mit Glocken und Trommeln von Haus zu Haus und singen Lieder. Die erzählen von der Geburt von Jesus. Dafür bekommen sie Geld, Süßigkeiten oder Obst. Ich glaube, das ist ein bisschen so wie das Sternsingen bei uns. Nur eben früher, nicht erst am 6. Januar. Manche Kinder haben einen Zweig von einem Kirschbaum dabei. In Griechenland geht das ja, da ist es auch im Winter nicht so kalt wie bei uns. Jedenfalls nicht auf Kreta, sagt Herr Galanis. Mit dem Zweig streichen die Kinder über die Schulter von den Leuten, bei denen sie singen. Das soll Glück bringen. Am nächsten Tag geht man Freunde und Verwandte besuchen und schenkt sich Süßigkeiten, die in bunte Schachteln verpackt werden. Kourabiedes und Melomakarona heißen die Dinger. Herr Galanis hat mir beschrieben, wie die aussehen. Mann, klang das lecker! Mir ist richtig das Wasser im Mund zusammengelaufen. Kourabiedes sind so was Ähnliches wie Vanillekipferl, nur ohne Vanille. Und Melomakarona sind Weihnachtsplätzchen mit Honig. Herr Galanis hat mir versprochen, dass ich welche zum Probieren bekomme, wenn seine Frau die backt.
Wenn ich es klug anstelle, bekomme ich von allen Leuten, die Pauline und mir bei unserem Weihnachtsprojekt geholfen haben, leckere Plätzchen und andere gute Sachen. Aber weiter mit Herrn Galanis. Der war ja noch nicht fertig ...

Einen Weihnachtsbaum haben die Griechen auch. Der ist aber meistens aus Plastik und wird jedes Jahr vom Dachboden runtergeholt und gründlich entstaubt. Zum Essen gibt es erst mal nur Nüsse und Feigen und so was, weil man bis zum 25. Dezember nichts essen darf, wo Milch drinnen ist. Und Fleisch gibt es auch nicht. Die Geschenke gibt es mal wieder total spät. Erst am 1. Januar! Der Heilige Vassilius bringt die Geschenke und legt sie heimlich in der Nacht vor die Betten der Kinder. Die Erwachsenen kriegen einen Weihnachtskuchen mit einer Münze drin. Wer das Stück mit dem Geld auf dem Teller hat, der hat im ganzen nächsten Jahr Glück. Ich finde es echt komisch, dass viele Weihnachtsbräuche in vielen Ländern ganz ähnlich sind. Was mir Pauline über Frankreich erzählt hat, hat ganz ähnlich geklungen. Nur sind in dem französischen Kuchen kleine Krippenfiguren aus Porzellan oder Plastik drin. Und den Kuchen gibt es auch erst am Dreikönigstag.

Über dem Kalanda-Singen und den bösen Kobolden haben Herr Galanis und ich völlig die Zeit vergessen. Dabei hatte die nächste Stunde schon längst angefangen. Und das war ausgerechnet Mathe beim Knall. Der heißt eigentlich Herr Knoll, wir nennen ihn nur so. Und er ist ziemlich streng. Ich habe mich schnell bei Herrn Galanis bedankt, und er hat sich noch unsere Telefonnummer aufgeschrieben, damit er Papa wegen der Versicherung anrufen kann und mir sagen, wann die Kourabiedes fertig sind. Dann bin ich losgerannt. Als ich im Klassenzimmer angekommen bin, hat der Knall so ganz hämisch gesagt, dass es ja schön wäre, dass ich die Klasse doch noch mit meiner Anwesenheit beehre. Und ob es mir nicht zu viel ausmachen würde, das nächste Mal pünktlich zum Unterricht zu erscheinen. So ein Knallkopf!
Natürlich bin ich wieder ganz rot geworden, das passiert mir leider ziemlich oft. Aber der Gedanke an griechische Weihnachtsplätzchen hat mich getröstet. Jetzt bin ich nur gespannt, was Mama und Papa zu der kaputten Fensterscheibe sagen werden. Dass die sich nicht freuen werden, ist ja wohl klar!

1. Wie reagiert der Hausmeister, Herr Galanis, als Max seine Fensterscheibe einwirft? Ist er sehr böse?
   (Nein, er versucht nur, böse zu wirken. In Wirklichkeit ist er sehr freundlich.)
2. Herr Galanis hat die Statue der griechischen Göttin Aphrodite in seinem Wohnzimmer stehen. Wie alle griechischen Götter hat auch sie eine bestimmte Bedeutung und Aufgabe. Was ist ihre?
   (Göttin der Liebe)
3. Wann findet das Kalanda-Singen statt, das unserem Sternsingen ähnelt?
   (am 24.12.)
4. Warum zündet man in Griechenland ab dem 24.12. große Feuer an?
   (um die Kobolde zu vertreiben)
5. Was ist oft im Weihnachtskuchen für die Erwachsenen versteckt?
   (eine Münze, die Glück bringen soll)
6. Max und Lulu teilen sich einen Adventskalender. Wie sieht euer Adventskalender aus? Was ist drin? Müsst ihr ihn auch mit euren Geschwistern teilen?
7. Als Max die Fensterscheibe von Herrn Galanis zerbricht, kommen ihm seine Schulkameraden nicht zu Hilfe. Er muss alleine die Verantwortung übernehmen. Findet ihr das in Ordnung? Was hättet ihr an Stelle von Sebastian, Murat und den anderen gemacht?

Weihnachten in Polen

Freitag, 2. Dezember

Als ich gestern nach Hause gekommen bin, hat Mama schon an der Tür auf mich gewartet. An ihrem Gesicht konnte ich sehen, dass Herr Galanis schon angerufen hat. *„Na, du machst ja schöne Sachen"*, hat sie gesagt. Ich habe so belämmert geschaut, dass sie gemeint hat, ich soll erst mal reinkommen, und so schlimm wäre das jetzt auch wieder nicht. Und zum Glück würde das die Versicherung zahlen. Und Herr Galanis hätte sogar extra gesagt, dass ich ein lieber Junge bin und Mama und Papa nicht zu doll mit mir schimpfen sollen. Dann würde sie das natürlich auch nicht machen. Aber wir dürften nicht mehr auf der Hausmeisterwiese Fußball spielen – ob ich ihr das verspreche? Das habe ich gemacht, und dann konnte ich endlich Mittagessen. Ich hatte schon so einen Hunger. Kein Wunder, wenn einem den ganzen Vormittag der Mund wässrig gemacht wird mit Plätzchen und Kuchen.

Samstag, 3. Dezember

Endlich Wochenende! Leider konnte ich nicht so lange ausschlafen, wie ich wollte. Schon um neun Uhr hat es an der Tür geklingelt, und Pauline stand davor. Erst musste ich ihr alles haarklein von Herrn Galanis berichten. Irgendwie bin ich da noch gar nicht dazu gekommen. Das mit der Fensterscheibe fand sie nicht so schlimm, nur dass die anderen sich so schnell verdrückt haben. *„Ist ja mal wieder typisch, vor allem für den blöden Marc-Leon"*, hat sie gesagt. Da kann ich ihr nur zustimmen.
Das war aber nicht alles, weswegen Pauline schon so früh bei mir ankam. Selbst Mama war noch im Bademantel. Von Lulu ganz zu schweigen. Die war noch nicht mal wach. Nur Papa war schon beim Bäcker und hatte frische Brötchen geholt. Pauline hat es sich am Tisch gemütlich gemacht und sich ein Brötchen mit Erdbeermarmelade bestrichen. Die hat Mama im Sommer selbst gemacht, und Pauline ist ganz verrückt danach.

Nach dem zweiten Brötchen ist sie endlich mit der Sprache rausgerückt. In ihrem Nachbarhaus ist vorige Woche eine neue Familie eingezogen. Neugierig, wie sie ist, hat Pauline jeden Tag am Gartentor herumgelungert. So hat sie schließlich rausgekriegt, dass die Familie drei Kinder hat. Ein Junge ist ein paar Jahre älter als wir, das Mädchen ungefähr gleich alt und der kleine Junge noch ein Baby. *„Und sie haben alle ganz komische Namen"*, meinte Pauline. *„Komisch, aber schön: Karol, Janka und Tomek. Und weißt du, was sie mir erzählt haben?"* Das wusste ich natürlich nicht. Aber ich musste nicht lange auf die Antwort warten. Es ist nämlich so, dass Semmelings neue Nachbarn aus Polen kommen. Ihr Papa hat hier eine tolle Stelle bekommen, und da sind sie nach Deutschland gezogen. Weil ihre Mama Deutsche ist, haben sie auch kein Problem mit dem Deutsch-Sprechen. So konnte Pauline sie natürlich gut ausquetschen, und für heute Nachmittag haben sie Pauline und mich eingeladen. Ich weiß echt nicht, wie Pauline das immer macht. Ich hätte mich nie getraut, die Familie einfach so anzusprechen. Was wir von Familie Piecek (so heißen sie, und man spricht es „Pitschek" aus) wissen möchten, ist ja wohl klar: wie man Weihnachten in Polen feiert. Zum Glück ist Pauline dabei, sie kann das Reden übernehmen. In so was ist sie echt gut.

Samstag, 3. Dezember, abends

Mann, bin ich vollgefressen. Gleich platzt mein Bauch! Bei den Pieceks gab es unheimlich viel zu essen. Und lecker war das! Es gab Käsekuchen mit Schokoglasur, einen Wahnsinnskuchen aus Lebkuchenteig, Pfannkuchen mit Heidelbeerfüllung.

Und als wir eigentlich schon längst nicht mehr konnten, hat Frau Piecek noch Pierogi aufgetischt. Das sind Teigtaschen mit Kraut, Zwiebeln und Pilzen drin. Weil ich nur noch eine Teigtasche geschafft habe, haben Pauline und ich noch ein großes Paket mit den restlichen Pierogi mit nach Hause bekommen. Die Pieceks waren so nett! Nachdem wir uns alle vorgestellt hatten und Pauline den Blumenstrauß überreicht hatte, den ihr ihre Mama mitgegeben hat, haben wir uns an den großen Esstisch gesetzt. *„Ihr möchtet also wissen, wie in Polen Weihnachten gefeiert wird?"*, hat Frau Piecek gefragt. *„Warum interessiert euch denn das so?"* Wir haben ihr von unserem Projekt erzählt und dass wir das inzwischen nicht nur für die Schule machen, sondern dass wir es toll finden, dass wir neue Leute kennenlernen und so leckere Sachen zu essen kriegen. Naja, eigentlich hat das alles Pauline erzählt – ich saß nur ziemlich stumm daneben. Frau Piecek hat geschmunzelt und uns noch einen Pfannkuchen auf den Teller gelegt. Weil Herr Piecek oben im Schlafzimmer einen Schrank aufgebaut hat (jedenfalls hat er es versucht, ab und zu haben wir etwas gehört, was wie polnisches Fluchen klang) und Karol mit ein paar neuen Freunden Fußball spielen war, haben Frau Piecek und Janka abwechselnd von der Weihnachtszeit in Polen erzählt. Baby Tomek kann sowieso noch nicht sprechen.

Heiligabend gibt es nichts zu essen, bis der erste Stern am Himmel auftaucht. Das ist ungefähr so um 17 Uhr. Dann wird als Erstes eine große, bunte Oblate zerbrochen und an alle in der Familie verteilt. Das ist das Zeichen, dass sich alle sehr lieb haben. Wir wussten erst nicht, was eine Oblate ist, aber Frau Piecek hat es uns erklärt. Es sind dünne Teigplatten, und sie sind so ähnlich wie Esspapier. Nur rund. Und es schmeckt ein bisschen wie Pappe. Das richtige Essen kommt aber noch. Nur ein Stück Oblate wäre auch ein bisschen wenig. Der Tisch ist schön gedeckt, und es steht ein Teller zu viel drauf. Da hat sich aber niemand verzählt, der Teller ist für jemanden, der vielleicht zufällig vorbeikommt. Weil Maria und Josef kein Hotelzimmer mehr bekommen haben und schließlich im Stall übernachten mussten, möchten die polnischen Familien niemanden abweisen. Das ist doch nett, oder?
Unterm Tisch liegt auch etwas: ein kleiner Ballen Stroh. Der soll an die Krippe erinnern, in der das Jesuskind gelegen hat. Jeder zieht einen Strohhalm, und wer den längsten zieht, der lebt auch am längsten. Den ganzen Tag hat die Familie nichts gegessen, deshalb haben jetzt alle mächtig Hunger. Weil die Fastenzeit aber erst um Mitternacht aufhört, gibt es nur Sachen ohne Fleisch. Das reicht aber auch. Als Frau Piecek und Janka die Gerichte aufgezählt haben, habe ich gedacht, die hören gar nicht mehr auf.

Es sind zwölf verschiedene Gerichte, die sollen an die zwölf Jünger von Jesus erinnern. Es gibt: Mohnkekse, Hefeplätzchen mit Marmelade, Makowi (das ist ein Nachtisch auch mit Mohn), viel Fisch, zum Beispiel Karpfen oder

Hecht, dann Heringssalat, Sahnehering, Nudeln mit Rote-Rüben-Sauce und und und … Pauline kam gar nicht hinterher mit Aufschreiben, weil Janka und Frau Piecek die Gerichte so schnell heruntergerasselt haben. Nach dem Essen gibt es die Geschenke. Die bringt ganz normal der Weihnachtsmann, und sie liegen unter dem Weihnachtsbaum. Der wird von der ganzen Familie geschmückt, und alle haben viel Spaß dabei. Nach dem Essen gehen alle in die Kirche und bedanken sich für das schöne Fest und das gute Essen. Am nächsten Tag besucht man die Verwandten, und es wird weitergegessen. Dieses Mal gibt es auch Fleisch. Man muss alles auffuttern, sonst ist man unhöflich. Und austrinken muss man auch. Für die Erwachsenen gibt es jetzt Wodka, auf den mussten die am Heiligen Abend auch verzichten, wegen dem Fasten.

Ich hoffe, Frau Piecek fand mich nicht unhöflich, weil ich nicht aufgegessen habe, aber sie sah nicht so aus. Janka und Pauline haben sich sehr gut verstanden. Janka wird ab Montag in unsere Schule gehen. Wahrscheinlich sogar in unsere Klasse. Ich glaube, sie haben sich sehr gefreut, als sie das herausgefunden haben. Versteh' ich ja auch. Das ist blöd, wenn man neu in der Klasse ist, niemanden kennt und einen alle so anstarren. Ich hoffe nur, dass die zwei dann nicht zusammensitzen wollen. Seit der ersten Klasse sitze ich nämlich neben Pauline. Auf dem Heimweg hat Pauline gemeint, sie findet es sehr praktisch, dass sie jetzt eine Freundin hat, die im Nebenhaus wohnt, dann hat sie es nicht weit mit dem Besuchen. Dann hat sie mich fragend von der Seite angeschaut und gesagt, ich soll mir bloß keine Sorgen machen, ich bin und bleibe natürlich ihr bester Freund! Da war ich dann doch beruhigt.

Ich male uns hier mal bei dem tollen Essen bei den Pieceks hin:

1. Was muss Max seiner Mutter versprechen, als er nach der Schule nach Hause kommt?
   (dass er nicht mehr auf der Hausmeisterwiese Fußball spielt)

2. In Paulines Nachbarschaft ist eine neue Familie eingezogen. Aus welchem Land kommt sie, und warum ist sie nach Deutschland gezogen?
   (Die Familie kommt aus Polen und ist wegen besserer Arbeit nach Deutschland gezogen.)

3. Warum steht in Polen oft ein Teller zu viel auf dem Tisch?
   (für einen Gast, der zufällig vorbeikommt)

4. Pauline und Janka verstehen sich sofort sehr gut. Wie fühlt sich Max dabei? *(er ist ein bisschen eifersüchtig)*
   Könnt ihr das verstehen? Kennt ihr aus eigener Erfahrung eine ähnliche Situation?

5. Familie Piecek ist sehr gastfreundlich. Sie laden Max und Pauline zu einem üppigen Essen ein. Sicher gibt es auch bei euch in der Nähe Nachbarn, die ihr noch nicht kennt. Findet ihr es eine gute Idee, diese zum Kuchenessen einzuladen? Vielleicht habt ihr auch schon so etwas gemacht. Erzählt!

6. In Polen gibt es vor Weihnachten eine Fastenzeit. Wird in eurer Familie auch einmal gefastet (z.B. vor Ostern)?
   Warum fasten die Menschen überhaupt?

7. Im Gegensatz zu Max fällt es Pauline leicht, auf fremde Menschen zuzugehen und sie anzusprechen. Gibt es auch Situationen, bei denen man vorsichtiger sein muss?

Weihnachten in der Schweiz

Dienstag, 6. Dezember

Nikolaustag! Jippieh! Gestern Nacht wollte ich endlich einmal den Nikolaus auf frischer Tat ertappen. Ich hab' mir extra den Wecker auf 24 Uhr gestellt. Leider habe ich dann so tief geschlafen, dass ich das Klingeln völlig überhört habe. So ein Mist! Und als Mama mich dann geweckt hat, ist der Nikolaus natürlich längst da gewesen. Wenigstens habe ich gute Sachen bekommen. Ein neues Buch aus meiner Fußballreihe und neue Schienbeinschoner. Meine alten sind schon ziemlich hinüber. Und natürlich jede Menge Schokolade, Nüsse und Mandarinen. Der Tag fing also ganz gut an. Und ging in der Schule gut weiter.

Gestern war Jankas erster Schultag. Und sie ist tatsächlich in unsere Klasse gekommen. Eigentlich ist das schön, denn Janka ist sehr nett. Trotzdem war ich froh, dass Elli gleich gerufen hat, dass Janka sich neben sie setzen soll. Damit waren Janka und Frau Rössle auch einverstanden. Und ich erst! Frau Rössle hat jedem von uns einen kleinen Schoko-Nikolaus auf den Platz gestellt. Den haben wir auch gleich aufgegessen. Dann hat Frau Rössle den Adventskranz angezündet (immerhin brennen schon zwei Kerzen!), das Deckenlicht ausgemacht und uns von ihrem Urlaub im vorigen Jahr erzählt.

Den hat sie mit ihrem Mann und ihrer kleinen Tochter in der Schweiz verbracht. Das war in den letzten Winterferien. In der Schweiz gibt es ja viele hohe Berge mit viel Schnee drauf. Das ist gut zum Skifahren. Und das wollte Frau Rössle nämlich. Vor und nach dem Skifahren hat sie viel davon mitbekommen, wie die Schweizer die Adventszeit verbringen. Obwohl das in jedem Kanton ein bisschen anders ist. Die Kantone sind so was wie die Bundesländer bei uns, und es gibt eine ganze Menge davon. Die sprechen da vier verschiedene Sprachen. Nämlich Deutsch, Italienisch, Französisch und Rätoromanisch. Das ist eine ganz alte Sprache, und sie klingt komisch. Der Samichlaus kommt dahin, wo sie deutsch sprechen. So heißt der Nikolaus. Und der Schmutzli ist auch dabei. Manchmal heißt er auch Butzli.

Natürlich haben die Mädchen wieder gekichert, als Frau Rössle vom Schmutzli und Butzli erzählt hat. Die finden ja alles komisch.

Frau Rössle hat gewartet, bis alle ausgekichert hatten, und hat dann gesagt, dass es in der deutschsprachigen Schweiz ganz tolle und spannende Bräuche gibt. Ganz unten im Süden von der Schweiz, wo das Tessin ist und die Leute italienisch sprechen, sind die Weihnachtsbräuche fast genauso wie in Italien. Da kommt die Befana und bringt Geschenke. Und im Westen, wo die Leute französisch sprechen, ist fast alles so wie in Frankreich.

Aber in Küssnacht am Vierwaldstättersee findet am 5. Dezember das berühmte Klausjagen statt. Frau Rössle ist selbst schon dabei gewesen. Marc-Leon hat gebrüllt, ob man da den Nikolaus aus der Stadt jagt oder was. Frau Rössle hat gesagt, wenn Marc-Leon noch einmal dazwischenquatscht, jagt sie ihn aus dem Klassenzimmer. Da war der Angeber still. Frau Rössle hat erklärt, dass das Klausjagen ein Umzug ist und dass alle, die mitmachen, ein weißes Hemd anhaben und sich Klausbrüder nennen. Alle machen einen furchtbaren Lärm mit großen Kuhglocken. Der Krach soll mal wieder die bösen Geister vertreiben. Nach einem Böllerschuss gehen in der ganzen Stadt die Lichter aus. Nur die riesigen Bischofshüte, die manche Männer auf den Schultern tragen, sind beleuchtet. Dann sieht es so aus, als ob sie schweben würden. Das klingt so gruselig wie das, was mir die Seppi-Oma in den Herbstferien erzählt hat.

Es gibt noch einen Haufen anderer Bräuche. Zum Beispiel das Brunnensingen in Rheinfelden. Dunkel angezogene Männer gehen von Brunnen zu Brunnen und singen Lieder. In denen wird der Heilige Sebastian gebeten, den Menschen zu helfen, wenn Krieg ist oder die Pest ausbricht.
Die Männer heißen Sebastani-Brüder. Dass die mitten in der Nacht bei völliger Dunkelheit singen, war natürlich klar. Ohne Grusel geht's auch in der Schweiz nicht.

„Um Punkt 23 Uhr schlägt dumpf die Glocke der Martinskirche, dann erlöschen alle Lichter, und man sieht nicht mehr die Hand vor den Augen", hat Frau Rössle mit so ganz tiefer Stimme erzählt. Ein paar Kinder haben ganz große Augen gemacht, vor allem der kleine Manuel. Aber als Marc-Leon dann noch angefangen hat, schaurig zu heulen, war das sogar Frau

Rössle zu viel. Sie hat Marc-Leon gesagt, er soll seinen Schulkameraden keine Angst machen. Dann hat sie ihn vor die Tür gestellt und das Licht wieder angemacht. „Ich glaube, ich erzähle euch lieber noch, was es in der Schweiz an Weihnachten zu essen gibt." Fondue zum Beispiel. Oder Rollschinkli und Schüfeli. Oder Pastetli mit Milke (Milke ist irgend so was ganz Ekliges vom Kalb, so eine Drüse oder so). Wir haben uns fast schlapp gelacht. Auch Manuel war wieder fröhlich und hat keine Angst mehr gehabt. Zum Schluss hat uns Frau Rössle noch ein Schweizer Weihnachtsgedicht abschreiben lassen. Marc-Leon durfte auch wieder ins Klassenzimmer, da konnte er gleich mitschreiben. Das Gedicht klingt echt lustig, hier ist es:

Wüsst ihr, was i hütt ha gseh?
Blutti Fussabdrück im Schnee!
Vo ker Frou und vo kem Maa,
I cha's sälber chuum verstah.
S isch ke Haas gsi und kes Reh,
Usgseh het`s wi vor e Fee!
Süferli verwääit vom Wind,
Isch's ächt d Spur vom Christuschind?

Als Hausaufgabe müssen wir es auswendig lernen. Das ist ganz schön schwer, aber Frau Rössle hat uns gesagt, wie es sich anhören muss. Jetzt klappt es schon ganz gut. Vor allem das „ch". Ich werde es gleich mal an Mama testen. Bestimmt versteht sie kein einziges Wort!
Eben hat Pauline angerufen. Sie hatte die super Idee, dass wir uns als Klausbrüder verkleiden sollen. Sie will gleich vorbeikommen und ein altes Nachthemd von ihrem Opa mitbringen. Ich bekomme auch eines, mein Opa trägt immer nur Schlafanzüge. Und schließlich brauchen wir etwas Weißes zum Anziehen, sonst sehen wir nicht wie echte Klausbrüder aus. Eine Kuhglocke haben wir natürlich nicht. Ich nehme einfach einen Kochtopf und einen Rührlöffel zum Draufschlagen. Schließlich kommt es nur darauf an, dass es Krach macht. Ich darf mich nur nicht von Mama erwischen lassen.

Dienstag, 6. Dezember, abends

Unser Klausjagen war absolut klasse! Als Pauline mit den Nachthemden ankam, haben wir uns ganz schnell verkleidet, die Kochtöpfe geschnappt und sind los. Unterwegs haben wir noch Sebastian, Murat, Manuel, Titus, Elli und Janka getroffen, die hatte Pauline auch angerufen und gefragt, ob sie mitmachen wollen. Sie fanden die Idee auch alle gut. Wir sind also zu acht die Straße lang. Alle in weißen Nachthemden oder alten Bettlaken. Sebastians Eltern haben einen Bauernhof, der hatte sogar eine Kuhglocke dabei. Wir haben einen Heidenlärm gemacht, die Leute haben ganz schön geguckt. Und uns gefragt, was wir denn darstellen und was das Ganze soll. Wir haben ihnen erklärt, dass es sich bei unserem Umzug um einen echten Schweizer Brauch zur Weihnachtszeit handelt und dass uns das unsere Lehrerin beigebracht hätte. Eine Frau hat den Kopf geschüttelt und gesagt, sie muss sich doch sehr wundern, was wir heutzutage alles in der Schule lernen. Die anderen fanden es aber eher lustig. Ein paar Leute haben sogar Fotos von uns gemacht. Mit ihren Handys. Vielleicht werden wir jetzt berühmt!

Ich male uns hier mal beim Klausjagen hin:

1. Nikolaustag bei Familie Kornmeier! Was bekommt Max geschenkt?
   (ein Fußballbuch und Schienbeinschoner, Schokolade und Früchte)
   Wie wird der Nikolaustag in eurer Familie gefeiert?

2. In der Schweiz werden vier verschiedene Sprachen gesprochen. Welche sind das?
   (Deutsch, Französisch, Italienisch und Rätoromanisch)

3. Wie verkleiden sich Max und Pauline, um wie echte „Klausbrüder" auszusehen?
   (weiße Nachthemden und Bettlaken, Kuhglocken und Töpfe zum Krachmachen)

4. Frau Rössle hat ihre letzten Weihnachtsferien in der Schweiz verbracht. Dort gibt es viele Kantone. Kantone sind so etwas wie die Bundesländer bei uns. In welchem Bundesland lebt ihr, und welche kennt ihr noch?

5. Das Klausjagen in Küssnacht und das Brunnensingen in Rheinfelden sind ziemlich gruselige Bräuche. Könnt ihr euch vorstellen, warum gerade in der besinnlichen Adventszeit so unheimliche Bräuche gefeiert werden?

6. Der kleine Manuel bekommt richtig Angst, als Frau Rössle von den Schweizer Weihnachtsbräuchen erzählt. Hättet ihr an Frau Rössles Stelle das auch so mit unheimlicher Stimme erzählt? Und hättet ihr auch ein bisschen Angst bekommen?

7. Max und Pauline spielen mit ihren Freunden am Nachmittag das Klausjagen nach. Gibt es in eurer Gegend ganz besondere Advents- und Weihnachtsbräuche, die man sonst in Deutschland nicht kennt?

Weihnachten in Großbritannien

Samstag, 10. Dezember

Wir kamen tatsächlich in die Zeitung! Mit Foto (leider nur schwarz-weiß). Als Überschrift stand da: „Grundschüler beleben alte Schweizer Weihnachtsbräuche!“ Der Reporter hat gelobt, dass sich die heutige Jugend für Kultur und Traditionen interessiert. Die heutige Jugend, das waren natürlich wir! Pauline und ich haben den Artikel sofort ausgeschnitten und in unsere Projektmappe gelegt. Ist das nicht spitze? Und es kommt noch besser. Als ich gestern aus der Schule kam, hat Mama schon an der Tür auf mich gewartet. In der Hand hatte sie einen Brief, der sah ziemlich dick aus. *„Ich habe eine Überraschung für dich!“*, hat sie so laut gerufen, dass Frau Bremer von nebenan ganz erschrocken von ihrer Mülltonne aufgeschaut hat. Die hatte sie gerade geputzt. Ich bin schnell ins Haus, bevor Frau Bremer einen Kommentar loswerden konnte. Sie ist schrecklich neugierig.

Aber jetzt kommt die Überraschung: Mama hatte heimlich ihrer englischen Gastmutter geschrieben. Nach der Schule war Mama für ein Jahr in England, weil sie erst mal genug hatte vom Lernen. Sie musste auf die kleinen Kinder von Mrs. Bantry aufpassen, mittags für sie kochen, spazieren gehen und so was alles. Weil es ihr damals so gut gefallen hat, hat sie immer noch Kontakt zu Familie Bantry. Einmal haben wir sie sogar besucht, da bin ich aber noch in den Kindergarten gegangen. Ich weiß aber noch, dass ich mit Mrs. Bantrys Katze gespielt habe. Die hieß Tibby und war sehr lieb. So wie Mrs. Bantry auch. Leider waren wir seither nicht mehr da, weil England so schrecklich teuer ist. Jedenfalls hatte Mama Mrs. Bantry geschrieben, dass ich ein Projekt in der Schule mache und gerne wissen möchte, wie man Weihnachten in England feiert. Und in Wales. Und in Schottland und Nordirland. Das gehört mehr oder weniger zusammen, und man nennt es „Großbritannien“. Das weiß ich aus „Asterix bei den Briten“. Manche sagen auch Vereinigtes Königreich. Weil es da eine Queen für alle gibt, also die Königin. Mrs. Bantry hat ihre Tochter gefragt, die in Edinburgh studiert (das ist in Schottland) und ihren Schwager in Nordirland. Aus

Wales kommt Mrs. Bantry selber, sie ist da geboren und hat da gewohnt, bis sie Mr. Bantry getroffen und ihn geheiratet hat. Dann sind sie nach England gezogen. Mama hat mal erzählt, dass Mrs. Bantrys Papa das nicht so gut fand, der hat nämlich was gegen die Engländer, ich weiß aber nicht, was.

Mrs. Bantry hat sich richtig Mühe gegeben und unheimlich viel über britisches Weihnachtsessen, den Weihnachtsmann und andere Sachen geschrieben, die man da so macht. Das mit dem Mistelzweig kannte ich aber schon, schließlich machen wir das auch. Jedes Jahr holt Mama auf dem Wochenmarkt einen Mistelzweig und hängt ihn mit einem roten Band über unserer Haustür auf. Wenn zwei Leute darunterstehen, müssen sie sich küssen. Lulu knutscht immer stundenlang mit Sergej unterm Mistelzweig. Sie fühlt sich auch überhaupt nicht gestört von Frau Bremer, die fast über den Gartenzaun fällt, wenn sie die beiden beobachtet. Pauline und ich machen sowas natürlich nicht. Man nimmt einen Mistelzweig, weil der bei den Kelten, die vor tausend Jahren in Britannien gelebt haben, heilig war. Weil die Mistel auch im Winter grün ist. Das weiß ich auch von Asterix. Da sage noch einer, Comics wären keine richtigen Bücher.

Ganz viele Leute schreiben zu Weihnachten ganz viele Karten an Leute, die sie gern haben. Von Mrs. Bantry kommt auch jedes Jahr eine. Darauf wünscht sie uns „Merry Christmas and a Happy New Year". Die Karten werden entweder auf dem Kaminsims aufgestellt oder an einer Wäscheleine befestigt und irgendwo im Zimmer aufgehängt. Das habe ich bei Paulines Familie auch gesehen. Die Leine hängt mitten im Flur, und man muss aufpassen, dass man nicht daran hängen bleibt und alle Karten herunterfallen.
Die Kinder müssen mal wieder bis zum 25. Dezember auf ihre Geschenke warten. Der Weihnachtsmann heißt Father Christmas. Manche nennen ihn auch, wie in Amerika, Santa Claus. Das kommt, weil der Santa mit den Auswanderern von Britannien nach Amerika gekommen ist. Deswegen ist auch das mit dem Schlitten und den Rentieren gleich. Und es ist ja völlig klar, dass es Truthahn zum Essen gibt. Es gibt aber noch viele Sachen, die anders sind. Nach dem Truthahn gibt es nämlich den Christmas Pudding. Man muss ihn spätestens am ersten Advent machen, weil er nur richtig schmeckt, wenn er schon ein paar Wochen alt ist. Es sind gute Sachen drin, zum Beispiel

Mandeln und Orangensaft. Aber auch ein paar echt eklige: Rindernierenfett. Das klingt so schrecklich, da hab' ich bei Mama gar nicht nachgefragt, was das genau ist. Ich hoffe, Mama kommt nie auf die Idee, uns einen echten Christmas Pudding zu machen. Weil, den esse ich dann auf gar keinen Fall! Mrs. Bantry schreibt, dass man den Pudding aber auch ohne das eklige Fett machen kann. Das ist dann vegetarisch.

Bevor der Truthahn und das andere serviert wird, liegt ein „Christmas Cracker" auf dem Teller. Das ist nichts zum Essen, sondern eine verpackte Überraschung. Sieht aus wie eine Röhre (oder wie eine verpackte Klorolle). Wenn man an beiden Enden zieht, macht es plopp! Und die Überraschung fällt raus. Das ist ein kleines Geschenk und vor allem eine Papierkrone. Die muss man sich aufsetzen. Auch wenn es vielleicht ein kleines bisschen peinlich aussieht. Weil es aber jeder macht, ist es nicht so schlimm, finde ich. Mrs. Bantry hat sich noch an das „Caroling" erinnert. Das hat sie als Kind oft gemacht. Beim „Caroling" singt man Weihnachtslieder, die heißen nämlich „Christmas Carols". Und man geht von Haus zu Haus beim Singen. Manchmal singt man aber auch auf dem Marktplatz oder so. Das gibt es auch in England. Aber nur in Wales werden die Kinder beim Singen manchmal von einer Harfe begleitet, und es nennt sich „eisteddfodde". Das ist walisisch. Die sprechen da wie die in meinem Asterix-Comic, nämlich keltisch. Man kann es kaum aussprechen, weil es unheimlich viele „Y" und „W" hat. Mrs. Bantry hat geschrieben, dass es in Wales ein Dorf gibt, das heißt „Llanfairpwllgwyngyllgogerychwyrndrobwllllantysiliogogogoch". Ich glaube, man wird verrückt oder bricht sich die Zunge ab, wenn man versucht, es auszusprechen. Die Waliser haben nicht nur komische Ortsnamen, sie haben auch komische Bräuche. In Porthcawl, an der Südküste von Wales, findet jedes Jahr ein Weihnachtsschwimmen statt. Die Leute baden im Meer, als wenn Sommer wäre. Letztes Jahr haben über 1000 Leute mitgemacht. Brrrr! Im eiskalten Meer schwimmen wäre nichts für mich! Die spinnen, die Briten! Das sagt der Obelix auch immer.

Jetzt kam Mama zu dem Teil, den Mrs. Bantrys Tochter erzählt hat. In Schottland muss man an Weihnachten höllisch aufpassen, dass das Feuer im Kamin nicht ausgeht. Sonst kommen die bösen Elfen ins Haus und treiben ihr Unwesen. Das ist vielleicht lustig! In manchen Orten gibt es große

Feuer, so wie die Osterfeuer bei uns – auch um die Elfen fernzuhalten. Und es gibt Bannock-Kuchen zu essen. Da sind Rosinen drin. Ich mag die nicht so. Auch nicht in dem Hefekranz, den Mama manchmal macht. Der Schwager von Mrs. Bantry hat erzählt, dass man in Irland (also jetzt in ganz Irland, nicht nur im Norden) am Heiligabend ein kleines Licht ins Fenster stellt. Das soll Maria und Josef den Weg leuchten. Damit sie sich in der Dunkelheit nicht verirren. Und auch sonst niemand, der in der Nacht draußen herumläuft. Beinahe jeder hört am 1. Weihnachtsfeiertag die Rede der Königin. Die gibt es im Radio oder im Fernsehen. Genau um drei Uhr nachmittags. Bei uns redet ja nur der Bundespräsident und die Kanzlerin. Königin finde ich aber besser. Auch wenn sie keine Krone aufhat bei der Weihnachtsrede. Nicht mal eine aus Papier.

Der zweiten Weihnachtsfeiertag heißt in Großbritannien „Boxing Day". Erst habe ich gedacht, die schlagen sich alle, weil man ja an Weihnachten immer mehr streitet als sonst. Weil einem die Geschenke nicht gefallen oder Großonkel Friedrich über die Jugendlichen schimpft. Es stimmt aber gar nicht. Der Tag heißt so, weil früher die reichen Leute ihren Dienern Geschenke gemacht haben. Die waren natürlich in einer Schachtel verpackt, und Schachtel heißt auf englisch „box". Also alles ganz friedlich auf der Insel. Als Mama den Brief von Mrs. Bantry fertig vorgelesen hatte, ist sie auf einmal so hochgehüpft wie ein kleines Mädchen und hat gerufen *„Ich habe eine tolle Idee!"*. Und toll war sie wirklich. Die Idee, meine ich. Mama hat nämlich vorgeschlagen, dass wir die schönsten Weihnachtsbräuche von allen Ländern aus meinem Projekt für unser Weihnachtsfest in diesem Jahr übernehmen. Und sie wollte gleich mal im Internet schauen, wo es „Christmas Crackers" zu kaufen gibt.

Jetzt muss ich natürlich hier noch Lulu und Sergej hinmalen, wie sie unter dem Mistelzweig knutschen – und dazu das Gesicht von Frau Bremer:

1. Welche Eigenschaft hat Frau Bremer, die Nachbarin von Familie Kornmeier?
   (sie ist schrecklich neugierig)
2. Welche Länder gehören zu Großbritannien?
   (England, Schottland, Nordirland, Wales)
3. Viele Briten hängen in der Weihnachtszeit einen Mistelzweig über der Tür auf. Was tun manche Menschen darunter?
   (sich küssen)
   Wie findet ihr diesen Brauch?
4. Warum möchte Max keinen Original-Christmas-Pudding essen?
   (weil da Rindernierenfett drin ist)
5. Was hat es mit den „Christmas Crackern" auf sich?
   (es sind verpackte Geschenkrollen, aus denen eine Überraschung kommt, wenn man an den Enden zieht)
6. In Großbritannien gibt es eine Königin. Wie würdet ihr es finden, wenn es auch in Deutschland wieder einen König und eine Königin gäbe?
7. Frau Kornmeier hat eine tolle Idee. Sie möchte ein internationales Weihnachten feiern mit ganz vielen verschiedenen Bräuchen und Gerichten. Könntet ihr euch das für euer Weihnachtsfest auch vorstellen? Welche Bräuche würdet ihr übernehmen? Habt ihr Ideen?
8. Mrs. Bantry kommt aus Wales und hat einen Engländer geheiratet. Mrs. Bantrys Papa war zuerst nicht sehr begeistert darüber. Was könnte wohl der Grund dafür sein?

Weihnachten in Portugal

Freitag, 16. Dezember

Ob Mama Christmas Cracker im Internet bekommen hat, hat sie nicht verraten. Überhaupt macht sie ein ganz großes Geheimnis um die Weihnachtsvorbereitungen. Ständig sehe ich sie mit so einem komischen Lächeln im Gesicht über den Flur schleichen, manchmal auch mit Paketen auf dem Arm. Wenn ich sie fragen will, was da drin ist, ruft sie nur: „Geheimnis!" und schleicht weiter. Vor einer Woche habe ich meinen Wunschzettel abgegeben. Ganz dringend wünsche ich mir neue Fußballschuhe, die alten haben vorne schon Löcher. Und ein Trikot von meinem Lieblingsspieler wäre auch nicht schlecht. Ein paar neue CDs und Bücher hätte ich auch gern. Was Lulu sich wünscht, kann man sich ja denken. Ganz viel Farbe für ihr Gesicht und neue Klamotten. Von Sergej wünscht sie sich Schmuck, einen Ring oder so. Als sie das Sergej gesagt hat, hat der nicht sehr glücklich ausgesehen. So viel Geld hat er ja nicht. Ich bin also gespannt, wie er das Problem lösen wird. Vielleicht bastelt er ihr ja einen Ring, oder er kauft so einen ganz billigen in der Bahnhofs-Unterführung.

Heute Abend will uns Papa ins „Porto Latino" ausführen, das ist ein portugiesisches Restaurant in der Stadt. Weil doch bald Weihnachten ist und er seiner Familie auch einmal was gönnen will, hat er gemeint. Mir soll es recht sein, ich steh' auf die portugiesischen Tapas (das sind verschiedene Vorspeisen, echt lecker). Sergej darf auch mit. Weil Papa gerade so in Spendierlaune war, habe ich ihn gefragt, ob wir auch Pauline mitnehmen können. Schließlich ist das nur gerecht, wo doch auch Lulus Freund mit dabei ist. Papa hat ein bisschen geseufzt und gesagt, dass er froh ist, nicht noch mehr Kinder zu haben, die alle ihre Freunde zum Essen mitbringen wollen. Und wir würden ihm noch eines Tages die Haare vom Kopf fressen. Als ob wir das jemals tun würden! Manchmal wundere ich mich nicht, dass Papa Finanzbeamter geworden ist. Pauline und ich werden uns zusammentun und den portugiesischen Kellner nach Weihnachtstraditionen fragen. Portugal fehlt uns nämlich noch auf der Liste.

Freitag, 16. Dezember, sehr spät am Abend

Uahh, bin ich müde! Wir sind eben erst nach Hause gekommen. Aber bevor ich mir meinen verdienten Schönheitsschlaf gönne, schreib' ich noch schnell auf, was wir im „Porto Latino" erlebt haben.
Wir sind also alle sechs los: Mama, Papa, Lulu mit Sergej, Pauline und ich. Pauline hatte sich sogar ein Kleid angezogen. Sie sah ziemlich hübsch darin aus! Lulu hatte so viel Spachtelmasse im Gesicht, dass wir sie fast nicht erkannt hätten. Ungefähr die Hälfte von ihrer Bemalung musste sie dann aber wieder abwaschen, weil Papa sich geweigert hat, sie so mitzunehmen. Erst war sie natürlich wieder beleidigt, aber als Sergej ihr versichert hat, dass er sie ohne Schminke sowieso am allerschönsten findet, hat sie sich wieder eingekriegt. Im „Porto Latino" waren die Tische weihnachtlich dekoriert, und von der Decke hingen bunte Girlanden. Es gab sogar einen kleinen Plastikbaum, der hat geblinkt.

Filipe, der Kellner, kam gleich angewuselt und hat uns begrüßt (er kennt uns schon). Mama und Papa haben Vinho Verde tinto bestellt und für uns Cola und Spezi. Lulu hat rumgemault, weil sie auch etwas von dem Rotwein wollte. Mama und Papa haben es ihr aber nicht erlaubt, da war sie schon wieder beleidigt. Manchmal ist es echt schlimm mit ihr. Als Filipe die Vorspeisen gebracht hat, haben Pauline und ich ihn gefragt, ob er mal kurz Zeit hat. Das hatte er zum Glück. Wir konnten ihn also fragen, wie das in Portugal mit Weihnachten ist. Filipe hat sich zu uns hingesetzt, und während wir gefuttert haben, hat er erzählt.
Zum Beispiel, dass in der Hauptstadt Lissabon ein riesiger Weihnachtsbaum aufgestellt wird – aus Metall und Plastik. Der ist 72 Meter hoch! Wahnsinn! Und zwei Millionen Lichter sind da dran. *„Was das wieder unnötig Energie kostet"*, hat Papa geseufzt. Pauline hat gemeint, dass unser Papa aber nicht sehr romantisch ist. Papa hat gesagt, Romantik kann er sich nicht leisten, und Filipe hat geschimpft, wir sollen jetzt mal weiter zuhören, schließlich hat er auch noch was zu arbeiten. Also:

Am Heiligen Abend versammelt sich die ganze Familie zu Hause. Manche Onkel und Tanten sind von ganz weit her angereist, um Weihnachten zu feiern. Zum Essen gibt es Stockfisch, der heißt „Bacalhau". Dazu gibt es

Kartoffeln und Kohl. Einen Haufen Süßes gibt es auch. Kürbiskrapfen und so was Ähnliches wie „Arme Ritter" – also Brotscheiben, die man erst in Milch einweicht und dann in der Pfanne brät. Dann streut man noch einen Berg Zucker und Zimt drauf und lässt es sich schmecken. Nach dem Festmahl geht es zur Mitternachtsmesse. Der Esstisch wird nicht abgeräumt. Filipe hat gesagt, sobald alle aus dem Haus sind, kommen die Engel und essen die Reste auf. Leider räumen sie anschließend das Geschirr nicht in die Spülmaschine, hat Mama gemeint.

Vor die Krippe in der Kirche legt man Obst, Gemüse, Brot und Käse. Soll alles für das Christkind sein. Das kann sich dann mal ordentlich satt essen. Wenn die Messe vorbei ist, wird in den Dörfern und kleinen Städten auf dem Marktplatz ein großer, eingesägter Baumstamm angezündet – ein so genanntes Schwedenfeuer. Daran kann man sich aufwärmen. Das ist auch gut so, denn die Leute gehen noch nicht gleich nach Hause. Erst verkleiden die Kinder sich noch als Hirten und singen und tanzen. Obwohl alle schon ganz schrecklich müde sind, geht es immer noch nicht ins Bett. Denn jetzt kommt erst noch ein Feuerwerk. Erst dann ist Schluss. Wenn am nächsten Tag alle ausgeschlafen haben, kriegen die Kinder ihre Geschenke. Von „Pai natal" oder von „Menino Jesus", also vom Weihnachtsmann oder vom Christkind. Falls die Engel noch Reste vom Essen am Heiligen Abend übrig gelassen haben, gibt es die jetzt mit viel Knoblauch angebraten. Weil das meistens nicht für alle Omas und Opas und Tanten und so weiter reicht, kommt jetzt der Truthahn auf den Tisch. Allmählich hängt der mir ganz schön zum Hals raus! Ich habe zu Mama gesagt, dass sie es sich bloß nicht einfallen lassen soll, an Weihnachten auch so einen Vogel auf den Tisch zu bringen. Wo wir dieses Jahr doch international feiern wollen. An dieser Stelle musste Filipe einer anderen Familie das Essen bringen. Er hat uns aber versprochen, gleich wiederzukommen. Wir haben also unsere Teller leer gemacht, da kam er schon wieder.

„Mir ist noch was zu den Weihnachtsbäumen eingefallen", hat er gesagt und sich auf die Bank plumpsen lassen. Eigentlich haben die nämlich keine Tradition in Portugal (die Weihnachtsbäume), aber in den letzten Jahren haben die Familien angefangen, kleine Pinien als Weihnachtsbäume aufzu-

stellen. Die werden dann auch so dekoriert, wie der Plastikbaum im „Porto Latino". Blinkend und glitzernd und ganz schön kitschig. Pauline findet das schön. Kein Wunder, bei ihr daheim sieht es auch ein bisschen so aus. Unser Hauptgericht hat Miguel gebracht, Filipe war ja beschäftigt. Zur Feier des Tages hat er mit Mama und Papa noch mit einem Glas Vinho Verde angestoßen, und uns Kindern hat er zum Nachtisch Karamellpudding spendiert. Der war vielleicht lecker! Ich habe Lulu gefragt, ob ich ihre Portion auch haben kann, wo sie doch immer so auf ihre Figur achten muss. Sie hat sie mir aber leider nicht gegeben. Seit Sergej ihr gesagt hat, dass er magere Mädchen ohne Busen nicht so gerne mag, isst sie ihren Nachtisch lieber wieder selber. Schade eigentlich. Nach dem Essen (ich war echt pappsatt, auch ohne Lulus Puddingportion) haben wir Pauline nach Hause gebracht, und sie hat versprochen, Filipes Bericht am Wochenende auf ihrem Computer abzutippen. Sie hat nämlich einen eigenen. Die Welt kann so ungerecht sein!
Ich gehe jetzt ins Bett. Ach so, ich wollte ja noch schreiben, was „Frohe Weihnachten" auf portugiesisch heißt. Das hat uns Filipe noch verraten: *„Feliz Natal und Boas Festas allerseits! E um feliz ano novo!"*

Ich male hier mal eine portugiesische Weihnachtsnacht hin, so wie Felipe sie beschrieben hat:

1. Max hat seinen Wunschzettel abgegeben. Was ist sein größter Wunsch?

   (neue Fußballschuhe)

2. Der Weihnachtsbaum im Zentrum von Lissabon strahlt mit Millionen von Lichtern. Wie hoch ist er? Aus welchen Materialien ist er gemacht? *(72 Meter hoch, aus Metall und Plastik)*
   Zum Vergleich: Wie hoch ist es bis zur Zimmerdecke in eurem Klassenzimmer?

3. Warum lassen die Portugiesen nach dem Festmahl an Heiligabend die Reste auf dem Esstisch liegen, wenn sie anschließend in die Kirche gehen?

   (damit die Engel die Reste aufessen können)

4. Warum hatten die Familien in Portugal früher wohl keine Weihnachtsbäume? *(in Portugal wachsen keine Nadelbäume)*
   Woher kommt euer Weihnachtsbaum, und wie wird er geschmückt? Malt ein Bild von eurem Familienweihnachtsbaum.

5. Warum isst Lulu ihren Pudding zum Nachtisch wieder selber?
   (Sergej hat ihr gesagt, dass er keine mageren Mädchen mag)
   Wie findet ihr das? Ist es euch wichtig, was andere über euer Aussehen denken?

6. Nach der Weihnachtsmesse geht das Feiern auf den Straßen weiter. Was passiert dort noch?

   (ein Baumstamm wird auf dem Marktplatz angezündet (Schwedenfeuer), Kinder verkleiden sich als Hirten, tanzen und singen, es gibt ein Feuerwerk)

Weihnachten bei den Kornmeiers

Sonntag, 25. Dezember

Weihnachten war supertoll! Das beste Weihnachten überhaupt! Leider ist jetzt schon fast wieder alles vorbei – aber der Reihe nach. Vor Heiligabend war noch so viel los, dass ich gar nicht zum Schreiben gekommen bin.
Am 22. Dezember war der letzte Tag vor den Ferien und der Tag, an dem wir unser Projekt in der Schule vorstellen sollten. Ich war ganz schön aufgeregt im Gegensatz zu Pauline – der macht so was gar nichts aus. Ich steh' nicht gerne vor der Klasse. Alle schauen einen an, und meistens werde ich rot wie eine Tomate. Da war ich doch froh, dass Pauline und ich das Projekt zusammen vorstellen durften. Wir waren gleich nach dem blöden Marc-Leon dran, der hatte ganz viele asiatische Länder vorgestellt.
Zum Beispiel Thailand. Nur um wieder anzugeben, wo er schon überall im Urlaub war. (Dabei hat Frau Rössle gesagt, dass die Thailänder und die meisten Asiaten eigentlich gar nicht Weihnachten feiern – die hätten oft Weihnachts-Traditionen von Europa und den USA übernommen. Da hat der Marc-Leon ganz schön doof geguckt.) Dann kamen also wir. Tja, und was soll ich sagen: Es war ein voller Erfolg!

Alle haben sich total gegruselt beim Krampus. Vom russischen Weihnachts-Wahrsagen wollten die Mädchen alles ganz genau wissen (am liebsten hätten die gleich alles ausprobiert), und über das Schweizer Klausjagen haben sich alle weggeschmissen vor Lachen. Sogar Frau Rössle. Dann habe ich noch von Mamas Idee erzählt, dieses Jahr Weihnachten international zu feiern. Da war Frau Rössle richtig begeistert. Nach den Ferien soll ich ihr genau berichten, wie wir daheim gefeiert haben (Lehrer freuen sich ja immer, wenn man ihre Ideen gut findet).
Und ich war ja selber gespannt, welche Bräuche sich Mama für Weihnachten ausgesucht hat. Zum Abschluss hat uns Frau Rössle noch eine Weihnachtsgeschichte aus Finnland vorgelesen. Am 24. Dezember um zwölf Uhr wird dort der Weihnachtsfrieden ausgerufen. Der dauert drei Tage lang. Danach darf man wieder streiten. Echt wahr. Ich fand den Brauch so gut, dass ich

zu Hause gleich Mama davon erzählt und vorgeschlagen habe, das auch zu machen. Lulu durfte mich drei Tage lang nicht ärgern. Heute war der vorletzte Tag. Da ist sie aber froh, hat Lulu gemeint. Und sie freut sich schon auf einen handfesten Krach mit mir, sie hätte schon richtige Entzugserscheinungen.

Jetzt habe ich schon einen Brauch verraten, den wir für unsere internationalen Weihnachten übernommen haben. Ich fang' mal mit dem Anfang an. Schon die ganzen letzten Tage vor Weihnachten haben Lulu, Sergej und ich Schnee aus Watte gebastelt. Das sollte der russische Schmuck für den Weihnachtsbaum sein. Von Mama haben wir in der Zeit nicht viel mitbekommen. Die hat sich stundenlang in der Küche eingeschlossen und gebacken und gebrutzelt. Was sie da macht, hat sie uns nicht gesagt. Nicht mal probieren durften wir. Papa hat im Vorgarten die Koniferen (das sind so Nadelgewächse) mit Lichterketten verziert. Dabei durften wir wenigstens helfen. Ich glaube, Papa war sogar ganz froh über unsere Hilfe. Handwerklich ist er ja nicht so begabt. Wir haben sogar ein kleines Plastik-Rentier aufgebaut, das hat rot und grün geblinkt. Frau Bremer von nebenan hat schon immer so ganz neidisch zu uns rübergeschaut. Ich glaube, sie hätte auch gern so ein Rentier gehabt.

Am Morgen von Heiligabend haben wir den Christbaum geschmückt. Mit dem Watteschnee aber auch mit den ganzen anderen Sachen, die wir haben. Rote Kugeln, Strohsterne und kleine Filzengel. Und natürlich Bienenwachskerzen. An ihren Baum kommt kein elektrisches Licht, sagt Mama immer. Vorsichtshalber stellen wir einen Eimer mit Wasser daneben. Es ist aber noch nie etwas angebrannt. Zum Mittagessen gab es Würstchen mit Kartoffelsalat. Das gibt es bei uns ja sonst immer erst am Abend. Weil wir doch aber international feiern wollten, sollte es dieses Mal etwas anderes geben. Am Nachmittag sind wir in die Kirche. Das machen wir immer. Und Papa hat gemeint, international feiern heißt nicht, dass wir nichts von unseren alten Bräuchen machen. Bevor wir losgingen, haben wir alle zusammen den Tisch schön festlich gedeckt. Als Mama und Papa kurz draußen waren, haben Lulu und ich schnell zwei Briefe unter ihren Teller geschoben. Die hatten wir am Tag vorher geschrieben, und da stand drin, dass wir Mama und Papa ganz toll finden und dass wir sie lieb haben.

Ich hab' gesehen, wie Sergej einen Brief unter Lulus Teller geschoben hat. Er feiert in diesem Jahr bei uns. Das war unser italienischer Brauch. Mama hat noch schnell eine Schüssel mit Reisbrei vor die Haustür gestellt, für den Tomte. Und ich hab' eine Karotte für die Rentiere vom Weihnachtsmann dazugelegt. Schließlich weiß man ja nie. Eine brennende Kerze ins Fenster zu stellen für die Jesus-Familie, haben wir uns nicht getraut. Unser blinkendes Rentier ist aber nicht zu übersehen. Falls also Maria und Josef vorbeikommen, unser Haus finden sie auf jeden Fall!

In der Kirche wurde ein Krippenspiel aufgeführt. Paulines kleiner Bruder hat mitgemacht. Er war ein Schaf. Pauline meinte, sie hätte ihn fast nicht erkannt unter dem Schaffell (das liegt sonst immer vor ihrem Bett). Das Krippenspiel war ziemlich lustig. Vor allem die Stelle, als der Josef aus Versehen auf Marias Umhang getreten ist und sie ganz laut *„Du Blödmann!"* gerufen hat. Auf dem Heimweg konnte ich es fast nicht mehr aushalten, so gespannt war ich. Die Schale mit dem Reisbrei vor unserer Tür war tatsächlich leer. Ob das jetzt der Tomte oder Frau Bremers dicker Kater war, weiß ich nicht. Ich hoffe mal, es war der Tomte. Die Karotte lag aber noch da. Da war der Weihnachtsmann wohl noch nicht da gewesen. Ich habe gehofft, dass der nicht erst am 25. Dezember kommt, so wie in Amerika.

Mama und Papa sind gleich in die Küche geflitzt und haben das Essen vorbereitet. Weil das meiste schon fertig war, hat es zum Glück nicht lang gedauert. Wir haben uns an den Tisch gesetzt und erst mal ein bisschen das Stroh weggeräumt, das da überall herumlag. Das hatte Papa für Ochs und Esel hingelegt. Allerdings hat er dabei ein bisschen übertrieben. Vor lauter Stroh konnte man kaum noch das Geschirr sehen. Dann haben wir gegessen: Pirogigen mit Pilzen und Gemüse, Maispasteten, Heringssalat, Fleischklößchen, Nudeln mit Rote-Beete-Soße, Christmas Pudding (zum Glück ohne ekliges Rindernierenfett) und einen ganzen Haufen mehr. Zum Nachtisch gab es selbstgemachtes Vanilleeis und die Plätzchen von Herrn Galanis' Frau. Es war ein richtiges Smörgåsbord! Als unsere Bäuche schon kurz vor dem Platzen waren, hat Mama für jeden von uns einen echt englischen Christmas Cracker hervorgezaubert. Die hatte sie im Internet doch tatsächlich bekommen. Drinnen waren Süßigkeiten und eine Papierkrone. Mann, sah Lulu vielleicht doof damit aus. Sie hat sich aber von mir überhaupt nicht ärgern lassen, weil sie so in Sergejs Brief vertieft war, den sie unter ihrem Teller gefunden hat.

Auch Mama und Papa haben ihre Briefe gelesen, und Mama musste vor Rührung sogar ein kleines bisschen weinen. Als sie mit Lesen fertig war, hat sie uns abgeknutscht und gesagt, wir sind doch die allerbesten Kinder, auch wenn wir sie manchmal nerven. Papa hat sich auch total gefreut. Als auch Lulu endlich mit Knutschen fertig war, sind Mama und Papa ins Wohnzimmer und haben die Kerzen am Baum angezündet. Dann durften wir reinkommen. Erst haben wir „Stille Nacht, heilige Nacht" gesungen, und ich musste an die Seppi-Oma in Österreich denken und ich habe gehofft, dass wir im neuen Jahr wieder dahinfahren – dieses Mal vielleicht sogar mit Pauline. Und es war alles so feierlich und schön, dass ich ein ganz warmes Gefühl im Bauch bekommen habe. Lulu hat ihr Geschenk von Sergej ausgepackt. Da war tatsächlich ein Ring drin. Ziemlich schmal, aber aus echtem Silber. Sie hat sich so gefreut, dass sie den armen Sergej schon wieder abgeknutscht hat. Der hatte schon ganz wunde Lippen und das ganze Gesicht schon voll von Lulus Farbe.
Dann durfte ich auspacken. Gleich im ersten Päckchen war das Trikot von meinem Lieblingsfußballer drin. Da habe ich gedacht, gleich platze ich vor Glück! Als Nächstes kam das Paket dran, das ich von Lulu bekommen habe. Außer einer CD war noch ein Gedicht drin, in dem so alberne Sachen über Pauline und mich standen. Das fand sie wohl komisch. Fast wollte ich mich schon auf Lulu stürzen, da fiel mir gerade noch rechtzeitig der finnische Weihnachtsfriede ein und dass der auch bei uns zu Hause noch zwei Tage lang gilt. Da hab' ich sie einfach nur angelächelt.

1. Welches Land stellt Marc-Leon der Klasse vor? *(Thailand)*

2. Wie hat Frau Rössle das Projekt von Max und Pauline gefallen? *(Sie war total begeistert.)*

3. Welchen Brauch aus Italien haben Max und Lulu für ihr Weihnachtsfest übernommen? *(den Brief an die Eltern, der unten den Teller gelegt wird)*

4. Was ist der finnische Weihnachtsfrieden? *(Der finnische Weihnachtsfrieden dauert ab dem 24.12. drei Tage lang. In dieser Zeit darf sich niemand streiten.)* Findet ihr die Idee gut? Wie wäre es, wenn ihr in der Klasse auch einen Weihnachtsfrieden ausrufen würdet?

5. Was bekommt Max von Lulu geschenkt? *(eine CD und ein Gedicht über Max und Pauline)* Warum will sich Max anschließend auf Lulu stürzen? *(weil in dem Gedicht alberne Sachen über Max und Pauline drinstehen)*

6. Max wird immer ganz aufgeregt und rot im Gesicht, wenn er vor der ganzen Klasse etwas vortragen soll. Habt ihr auch Lampenfieber? Und was kann man dagegen tun?

7. Die Weihnachtsmischung von Mama Kornmeier aus fremden Ländern war ein voller Erfolg. In allen Ländern besucht man an Weihnachten die Kirche. Findet ihr es in Ordnung, wenn man nur an Weihnachten in die Kirche geht?

8. Der Heiligabend-Morgen ist wahrscheinlich der längste im ganzen Jahr. Die Zeit bis zum Abend will und will einfach nicht vorbeigehen. Um euch die Wartezeit zu vertreiben, findet ihr im Anhang ein spannendes Detektivrätsel (S. 102). Bekommt ihr die Lösung heraus?

Anhang

Weihnachten in Russland (S. 10)

Ein Quartett aus Kinderfotos

Besorgt euch von jeder Person (z.B. Mama, Papa, Bruder, Schwester, Oma, Opa, Hund, Katze) 4 Fotos für 4 Karten (ein Quartett) – und zwar möglichst aus 4 verschiedenen Altersstufen (also z.B. ein Baby-Bild, dann ein Foto aus Kindergartentagen, Schulzeit und Teenager-Zeit). Jedes Quartett bekommt einen andersfarbigen Rahmen aus buntem Zeichenkarton. Der ist immer gleich groß, die Fotos können aber unterschiedliche Formate haben. Jedes Familienmitglied bekommt eine eigene Farbe (Mama rot, Papa blau usw.).

So geht das Spiel:
Mischt die Karten, und verteilt sie reihum, bis alle aufgebraucht sind. Durch gezielte Fragen bekommt man die Quartette zusammen: *„Mama, hast du Papa als Baby?“* Man darf einen Mitspieler so lange fragen, bis er eine gewünschte Karte nicht hat. Dann ist diese Person mit Fragen dran. Wer ein vollständiges Quartett zusammenhat, legt es vor sich auf den Tisch. Gewonnen hat, wer als Erster keine Karten mehr in der Hand hält.

Russisches Weihnachtslied

Schlaf, mein Kindlein

aus Russland

Weihnachten in Frankreich (S. 15)

Ein weihnachtlicher Baumkuchen

Besorgt euch 2–3 verschiedene Sorten Eiscreme – am besten bräunliche oder beige. Schließlich soll das Dessert ja wie ein echter Baum aussehen. Gut eignet sich Haselnusseis, Walnusseis oder Vanille. Die einzelnen Sorten werden in einer flachen, eckigen Glasschüssel übereinander geschichtet. Ritzt mit einer Gabel Längsstreifen in die oberste Eisschicht (für die Baumrinde). Wer will, kann noch zerbröselte Baisers oben draufgeben. Das kann dann der Schnee sein. Und Blätter aus Schokolade (gibt es in jedem Supermarkt in der Backwarenabteilung) sehen auch sehr hübsch aus. Ab damit ins Gefrierfach für ca. 2 Stunden. Dann den leckeren Baumstamm genießen!

Weihnachten in Österreich (S. 21)

Echt österreichische Vanillekipferl

... von der Seppi-Oma

Ihr braucht:

560 g Mehl, 160 g Zucker, 400 g Butter, 200 g gemahlene Haselnüsse, 100 g Zucker und 4 Päckchen Vanillezucker zum Wenden (am besten Bourbon-Vanillezucker, das schmeckt dann viel besser!)

Zubereitung:

Mehl, Zucker, in kleine Stücke geschnittene Butter und Nüsse zu einem Teig verkneten, eine Stunde in den Kühlschrank stellen, eine Rolle formen, davon Stücke abschneiden, die man zu Kipferl (Hörnchen) formt.
Auf ein mit Backpapier belegtes Blech setzen und auf der zweiten Schiene von unten bei 175 °C goldgelb backen. Das dauert ca. 15 Min. pro Blech. Also besser dabeibleiben!
100 g Zucker und 4 Päckchen Vanillezucker in einem tiefen Teller mischen, die gerade gebackenen Kipferl darin wenden und auskühlen lassen.

Lasst es euch schmecken, und denkt beim Naschen an die Seppi-Oma!

Eine Piñata basteln

Ihr braucht:
Luftballons, Tapetenkleister, Zeitungspapier, Farben (Wasserfarben oder Acrylfarben), Pinsel, Klarlack (am besten eignet sich ein Sprühkleber), Schürze oder Malkittel

Anleitung:
Zuerst müsst ihr den Luftballon in der gewünschten Größe aufblasen und ganz fest zubinden (sicher hilft euch dabei euer Lehrer oder eure Lehrerin). Anschließend rührt ihr den Tapetenkleister an und füllt ihn in eine große Schüssel. Die Zeitung reißt ihr in Streifen (sie sollten eine Breite von ca. 2 cm und eine Länge von ca. 8–10 cm haben).
Die Zeitungspapierstreifen werden auf einer Seite vollständig mit Kleister bestrichen. Dann klebt ihr die Papierstreifen leicht überlappend auf den Luftballon, bis er vollständig damit bedeckt ist. Passt auf, dass keine Falten entstehen! Wer ganz sicher gehen will, trägt eine zweite Schicht Papierstreifen auf. Jetzt könnt ihr euch erst einmal gemütlich zurücklegen und ein paar Weihnachtsplätzchen essen, denn der Ballon muss ein bis zwei Tage lang trocknen.

Ist der Ballon richtig trocken, kommen noch eine dritte und vierte Schicht obendrauf. Und wieder muss der Ballon gründlich trocknen. Jetzt könnt ihr euch mit der Farbe so richtig austoben. Eurer Fantasie sind keine Grenzen gesetzt!
Dann schneidet ihr an der Oberseite ein größeres Loch in den Ballon. Da kommen am Schluss die Süßigkeiten rein. Außerdem braucht ihr ein kleines Loch für den Faden, an dem die Piñata an der Decke befestigt wird. Damit die Farben auch schön bleiben, besprüht ihr eure fertige Piñata mit Klarlack. Alles noch mal gründlich trocknen lassen, Piñata füllen, an der Decke aufhängen und Spaß daran haben!

Schwedische Lussekatter

Ihr braucht:
50 g Butter, 150 ml Milch, 25 g frische Hefe, 1 Prise Salz, 50 g Zucker, 300 g Mehl, 1 g gemahlenen Safran, 1 Ei, 1 Eigelb, Rosinen

Zubereitung:
Schmelzt die Butter in einem Topf. Gießt dann die Milch vorsichtig hinzu. Anschließend zerkrümelt ihr die Hefe in einer Schüssel. Gebt die lauwarme Milch-Butter-Mischung über die Hefe, und verrührt alles.
Gebt dann Mehl, Zucker, Salz, Safran und das Ei dazu, und verknetet alles gründlich. Lasst den Teig ungefähr eine Stunde an einem warmen Ort gehen. Der Teig ist dann doppelt so groß wie vorher (also eine ausreichend große Schüssel nehmen!).

Teilt den Teig in 24 gleich große Stücke, und formt daraus Lussekatter: Eine Lussekatt sieht aus wie ein umgedrehtes „S". Rosinen daraufsetzen, auf einem gefetteten Backblech noch mal 15 Minuten gehen lassen. Dann mit dem Eigelb bepinseln. Lasst das Gebäck bei 250 °C ungefähr eine Viertelstunde lang backen. Unbedingt in der Nähe des Ofens bleiben, sonst werden die Lussekatter schwarz! Auskühlen lassen und genießen!

Schwedische Lusskatt

Detektivrätsel für lange Heiligabend-Morgen

In den letzten Winterferien waren Mama und Papa Kornmeier, Max und Lulu zum Skifahren in Tirol. Max und Lulu ist da etwas ganz Aufregendes passiert.

Die beiden waren an einem Nachmittag alleine im Hotelzimmer. Mama und Papa waren unten in der Hotelsauna, weil sie sich nach dem Skifahren gründlich aufwärmen wollten. Max und Lulu machen sich nicht viel aus der Sauna. Sie wollten sich viel lieber ihre Lieblingsserie im Fernsehen anschauen. Wie sie also so gemütlich auf dem Bett liegen und fernsehen, klopft es an der Tür. Als sich Max und Lulu noch fragend anschauen, geht die Tür auf, und ein Mann kommt ins Zimmer. „*Oh Entschuldigung!*" ruft er. „*Jetzt habe ich mich doch tatsächlich in der Zimmertür geirrt. Ich dachte, dies hier wäre mein Zimmer. Ich bitte nochmals tausendmal um Entschuldigung!*" Der Mann schließt rasch wieder die Tür und ist verschwunden. Lulu muss lachen: „*Der hat wohl in der Hotelbar zu viel Jagertee getrunken! Verwechselt die Zimmernummer!*" „*Das glaube ich nicht*", sagt Max. „*Komm, wir müssen sofort die Rezeption anrufen, die sollen die Polizei verständigen!*" Gesagt, getan.
Die Polizei kam sofort und stellte fest, dass es sich bei dem angeblich schusseligen Gast um einen bekannten und lang gesuchten Hoteldieb handelte.

Lulu war ganz aus dem Häuschen und fragte Max, wie er das wissen konnte. Wisst ihr es? Wodurch hat sich der Dieb verraten?

(Wenn der Mann sein eigenes Zimmer betreten wollte, würde er vorher nicht an der Tür klopfen. Er hat also geklopft, um herauszufinden, ob das Zimmer leer ist.)

Medientipps

Katrin Baudendistel:
Lernen an Stationen: Weihnachten hier und anderswo – Kopiervorlagen und Materialien.
Kl. 3–4, Cornelsen Scriptor, 2007
ISBN 978-3-589-22524-8

Kirsten Boie et al.:
Die schönsten Geschichten zu Weihnachten.
5–7 Jahre, Ellermann, 2007.
ISBN 978-3-7707-2469-7

Heiner Bredehöft:
Vom Nikolaus im Kaufhaus und Engeln aus dem All. 8 weihnachtliche Theaterstücke mit wenig Aufwand.
6–10 J., Verlag an der Ruhr, 2009.
ISBN 978-3-8346-0563-4

Ruth Dirks:
Weihnachten in aller Welt – Ein Adventskalender zum Vorlesen und Ausschneiden.
7–9 Jahre, Kaufmann, 2002.
ISBN 978-3-7806-0567-2

Andrea Geffers:
Die große Weihnachtsgedichte-Werkstatt. Lyrik erleben, gestalten, präsentieren.
Kl. 2–4, Verlag an der Ruhr, 2010.
ISBN 978-3-8346-0694-5

Luisa Hartmann:
24 Adventsgeschichten.
5–10 J., Verlag an der Ruhr, 2007.
ISBN 978-3-8346-0300-5

Daniela Kunerl, Dominique Lurz:
Literatur-Kartei: Mein 24. Dezember.
Differenzierter Lesebegleiter und Themenmodule.
Kl. 2–3, Verlag an der Ruhr, 2010.
ISBN 978-3-8346-0710-2

Aline Kurt:
Feste und Feiertage im Kirchenjahr.
Arbeitsmaterialien und Unterrichtsvorschläge.
Verlag an der Ruhr, 2011.
ISBN 978-3-8346-0873-4 (Kl. 1/2)
ISBN 978-3-8346-0874-1 (Kl. 3/4)

Svenja Maibaum:
Klasse(n-) Adventsideen für Kurzentschlossene.
Kl. 1–4, Verlag an der Ruhr, 2009.
ISBN 978-3-8346-0562-7

Arthur Thömmes:
Der Stern, der nicht leuchten wollte.
Ein fächerübergreifendes Theaterprojekt zur Weihnachtszeit.
Kl. 3–4, Verlag an der Ruhr, 2008.
ISBN 978-3-8346-0462-0